Khaled Riad
Yan Zhu

Papel do ABAC e da SDN na segurança do ambiente de nuvem

Khaled Riad
Yan Zhu

Papel do ABAC e da SDN na segurança do ambiente de nuvem

Papel do ABAC e da SDN na segurança da IaaS na nuvem

ScienciaScripts

Cover image: www.ingimage.com

This book is a translation from the original published under ISBN 978-3-659-85597-9.

Publisher:
Sciencia Scripts
is a trademark of
Dodo Books Indian Ocean Ltd. and OmniScriptum S.R.L publishing group

120 High Road, East Finchley, London, N2 9ED, United Kingdom
Str. Armeneasca 28/1, office 1, Chisinau MD-2012, Republic of Moldova, Europe
Managing Directors: Ieva Konstantinova, Victoria Ursu
info@omniscriptum.com

Printed at: see last page
ISBN: 978-620-8-53011-2

Índice:

ABAC e SDN
Papel na segurança da nuvem
Ambiente

ABAC e SDN

Papel na segurança da nuvem IaaS

por

Khaled Riad1

Departamento de Matemática, Universidade de Zagazig, Egito &

Universidade de Ciência e Tecnologia de Pequim, China

Yan Zhu2

Universidade de Ciência e Tecnologia de Pequim, China

9 de março de 2016

(1)khaled.riad@science.zu.edu.eg

(2)zhuyan@ustb.edu.cn

Este livro é dedicado ao espírito do meu jovem irmão "Hema", aos meus pais e à minha mulher "Rehab". Finalmente, é especialmente dedicado às minhas adoráveis filhas "Malak" e "Rahf".

Prefácio

Este livro é motivado pelo desejo de garantir a segurança dos ambientes de computação em nuvem. Centra-se na segurança do ambiente de nuvem com base em dois aspectos, o controlo de acesso e a defesa contra diferentes tipos de ataques. Os autores consideram a integração dos controladores de redes definidas por software (SDN) com o ambiente de computação em nuvem. Ao fazer esta integração, a segurança da nuvem foi melhorada, mas também os controladores SDN são vulneráveis a diferentes tipos de ataques que têm de ser detectados e mitigados o mais rapidamente possível. De acordo com o modelo de controlo de acesso, este livro concentra-se no controlo de acesso baseado em atributos (ABAC) para a computação em nuvem, em vez do controlo de acesso baseado em funções (RBAC). Embora o ABAC seja o modelo de controlo de acesso mais recente para os ambientes de computação em nuvem, ainda necessita de muitos contributos para poder lidar com a natureza distinta da computação em nuvem.

Este livro apresenta um novo modelo de controlo de acesso (controlo de acesso baseado em atributos e regras (AR-ABAC)) que representa um novo modelo de controlo de acesso para o ambiente de computação em nuvem. O AR-ABAC utiliza o ABAC como espinha dorsal. Introduz também a integração de diferentes controladores SDN com o ambiente de nuvem e apresenta sugestões para detetar e mitigar um conjunto de ataques ao ambiente SDN, especialmente ao controlador SDN.

Estrutura do livro

Este livro é composto por cinco capítulos:

- **Capítulo 1:** Introduz o problema, onde os autores estão a tentar resolvê-lo e fornece uma excelente descrição dos seus itens básicos. Tais como: computação em nuvem, controlo de acesso e ambientes de redes definidas por software, bem como diferentes controladores SDN.
- **Capítulo 2:** Faz um levantamento da literatura relacionada e da motivação para um novo modelo de controlo de acesso para o ambiente de computação em nuvem. E responde a uma pergunta muito importante "Por que é necessário um novo modelo de controlo de acesso para o ambiente de computação em nuvem". Além de resumir as contribuições anteriores para detetar e mitigar diferentes ataques SDN.
- **Capítulo 3:** Apresenta o modelo de controlo de acesso proposto para o ambiente de computação em nuvem, que utiliza o ABAC como espinha dorsal. O controlo de acesso proposto pode cumprir os requisitos obrigatórios do modelo de controlo de acesso à nuvem. Além disso, este capítulo apresenta as soluções sugeridas para um conjunto de ataques SDN e introduz um novo sistema que pode detetar e atenuar a maioria dos ataques SDN.
- **Capítulo 4:** Tem um carácter diferente dos outros, introduzindo a informação técnica detalhada sobre o ambiente de teste. E, finalmente, introduzindo a verificação experimental e a análise dos resultados.

Agradecimentos

- Uma palavra especial de agradecimento vai para o meu país (Egito) e para a minha universidade de origem (Universidade de Zagazig[1]) por me terem apoiado e dado a oportunidade de concluir o meu doutoramento no estrangeiro.
- Gostaria também de agradecer à Universidade de Ciência e Tecnologia de Pequim[2] , China, por me ter apoiado durante o meu estudo de doutoramento.
- Os meus agradecimentos vão para o Professor Zhu Yan[3] , meu orientador de doutoramento, pelo seu apoio e ajuda constantes.
- Gostaria também de agradecer a todos os meus professores e mestres durante a minha vida académica.
- Estou profundamente grato aos meus pais, mulher e filhos pelo seu apoio e encorajamento.

Khaled Riad

khaled.riad@science.zu.edu.eg

http://www.khaled-riad.jimdo.com

[1] http://english.zu.edu.eg/

[2] http://en.ustb.edu.cn/

[3] https://crypto.ustb.edu.cn/

Capítulo 1

Introdução

"Há um dia em que se percebe que virar a página é a melhor sensação do mundo, porque se percebe que há muito mais no livro do que a página em que se estava preso."

- Taryn Malik, *Citações inspiradoras*

1.1 Antecedentes e pontos básicos da investigação

A componente de controlo de acesso determina se os pedidos de acesso aos recursos são concedidos. A entidade que faz o pedido é normalmente designada por sujeito, que é normalmente um programa ou processo que opera em nome de um utilizador. Um utilizador é uma entidade que interage com o sistema e acede a recursos. Os objectos são protegidos por controlo de acesso. Após autenticar o utilizador e receber as informações do pedido do sujeito, a componente de controlo de acesso concede ou recusa o pedido com base nas informações fornecidas e na política de autorização. Dependendo das informações necessárias para a autorização e do processo de tomada de decisões, podem ser implementados diferentes modelos de controlo de acesso para vários fins.

A Internet foi concebida para sobreviver a uma guerra mundial, maximizando a redundância - os dados não estavam limitados a rotas específicas, mas chegariam ao destino por quaisquer rotas disponíveis. Este pensamento perdura na computação em nuvem, com redundância e cópias de segurança de dados espalhadas por várias regiões em simultâneo para defender contra a perda de dados ou falhas localizadas.

O problema é que a proteção de dados pode significar proteger os dados contra a perda. O valor da privacidade dos dados pessoais pode variar consoante as legislações - a orientação sexual ou as crenças religiosas podem não ser questões sensíveis num país, mas podem levar à perseguição ou mesmo à prisão noutro. Existem várias abordagens para resolver este problema. A encriptação forte e outras formas de ocultar a identidade dos dados na nuvem podem fornecer proteção suficiente para satisfazer o indivíduo, mas podem não estar em conformidade com a legislação relativa à soberania dos dados - tendo em conta a possibilidade de outros governos nacionais aplicarem todo o seu peso para decifrar dados sensíveis. Outro método é uma abordagem de nuvem híbrida, de modo a que os dados críticos sejam alojados e processados no local, enquanto os dados menos sensíveis são geridos e processados na arquitetura da nuvem.

Mesmo que o ponto de partida e o ponto de chegada se situem no mesmo país, não se pode ter a certeza de que os dados não atravessam e voltam a atravessar as fronteiras nacionais algures pelo caminho. Mas saber onde os dados estão a ser armazenados não é tudo. Os dados pessoais podem ser introduzidos num PC com alguma confiança quando se sabe que estão a ser transmitidos para um serviço de nuvem de confiança, mas como é que lá chegam? Como já foi referido, a Internet foi concebida para ter o máximo de redundância e flexibilidade, de modo a que os pacotes tenham um destino, mas sem restrições quanto à forma como chegam a esse destino. O encaminhamento não é totalmente arbitrário - o IP favorecerá um caminho eficiente, mas o tráfego intenso, as interrupções do router e as quebras de linha podem ter impacto na rota efetivamente seguida.

Assim, mesmo que o ponto de partida e o ponto de chegada se situem no mesmo país, não pode ter a certeza de que os dados não possam atravessar e voltar a atravessar as fronteiras nacionais algures pelo caminho. Em termos práticos de negócio, isto pode não parecer um problema, mas em termos de conformidade legislativa pode revelar-se grave. Como resolver este problema sem uma reconstrução maciça da infraestrutura de rede global para garantir que todos os pontos onde as linhas de dados atravessam as fronteiras nacionais? As redes definidas por software (SDN) podem ser a resposta.

As redes actuais são muito complexas e difíceis de gerir. Estas redes são constituídas por diferentes tipos de dispositivos, como routers, switches, firewalls, tradutores de endereços de rede, equilibradores de carga e sistemas de deteção de intrusões. Estes dispositivos executam software que, normalmente, é fechado e específico do fornecedor. Os novos protocolos de rede passam por anos de esforços de normalização e testes de interoperabilidade. Os administradores de rede têm de configurar cada um dos dispositivos de rede de acordo com as especificações do fornecedor. Mais doloroso ainda é o facto de produtos diferentes do mesmo fornecedor exigirem configurações diferentes. As redes tradicionais abrandaram a inovação, são muito complexas e tanto as despesas de capital como as despesas operacionais de funcionamento da rede são elevadas [20].

As redes definidas por software (SDN) têm merecido muita atenção nos últimos anos, porque resolvem a falta de programabilidade das arquitecturas de rede existentes e permitem uma inovação mais fácil e rápida das redes. O principal conceito de SDN é a separação entre o plano de dados e o plano de controlo. O processamento lógico dos pacotes de rede é efectuado por uma instância centralizada, designada por controlador. Assim, a SDN explora o facto de o software ser mais flexível do que o hardware. Além disso, espera-se um hardware menos específico e mais barato que possa ser controlado por aplicações de software através de interfaces normalizadas. Em redes de grande dimensão, a configuração dos elementos de rede é propensa a erros, pelo que a SDN oferece a vantagem de as configurações serem centralizadas num único componente.

Além disso, existe a expetativa de uma maior flexibilidade através da adição dinâmica de novas funcionalidades à rede sob a forma de aplicações de rede. No entanto, a centralização do plano de controlo acarreta riscos: o controlador é um componente crítico e, se for comprometido, afecta a disponibilidade dos serviços de rede. A segurança nas redes tem sido amplamente abordada na investigação, e existem várias ferramentas e técnicas para a deteção de anomalias. No entanto, estas técnicas estão limitadas à deteção e tratamento de ameaças à segurança no tráfego de utilizadores. Com o surgimento das SDN, devem ser desenvolvidas novas abordagens para a deteção de tráfego de controlo malicioso. Este livro fornece dois pontos básicos:

- Construção de um modelo de controlo de acesso para a computação em nuvem utilizando o controlo de acesso baseado em atributos, para proteger a infraestrutura da nuvem como um serviço.
- Melhorar a privacidade dos dados na nuvem para a infraestrutura de nuvem como um serviço, integrando a rede definida por software no ambiente de computação em nuvem e atenuando diferentes tipos de ataques.

1.2 Computação em nuvem e modelos de controlo de acesso

Embora a computação em nuvem traga muitos benefícios, as questões de segurança têm afetado a sua ampla adoção pelas empresas e organizações. A segurança na nuvem refere-se a um vasto conjunto de políticas, tecnologias e controlos implementados para proteger dados, aplicações e a infraestrutura associada à computação em nuvem. Os problemas de segurança na nuvem podem ser divididos em duas grandes categorias: problemas de segurança enfrentados pelos fornecedores de serviços de computação em nuvem e problemas de segurança enfrentados pelos seus locatários e clientes. Atualmente, existe um entendimento de que a segurança da computação em nuvem deve ser tratada com uma responsabilidade partilhada. A computação em nuvem pode ser afetada pelos ataques à segurança dos sistemas distribuídos convencionais [59]. Além disso, a computação em nuvem trouxe novas preocupações, como a deslocação de recursos e o armazenamento de dados na nuvem, que podem residir noutro país que deve cumprir regulamentações diferentes.

Além disso, como se trata de um ambiente partilhado, na computação em nuvem, os dados podem enfrentar problemas como a privacidade e o acesso não autorizado. Os fornecedores de serviços de computação em nuvem oferecem acesso flexível aos utilizadores finais, pelo que, infelizmente, as funções e as permissões de acesso são menos controláveis. A virtualização aumenta muito a complexidade deste processo e oferece novas ameaças em áreas como os comutadores virtuais e os hipervisores. É básico e importante para os fornecedores de serviços em nuvem garantir que os seus serviços sejam totalmente utilizáveis e estejam sempre disponíveis [58]. Os autores centram-se na abordagem das questões de controlo do acesso à infraestrutura como serviço (IaaS) na nuvem.

O controlo do acesso é um mecanismo essencial que controla as operações que o utilizador pode ou não pode efetuar. Além disso, o controlo de acesso pode monitorizar e registar todas as tentativas de acesso a um sistema e identificar os utilizadores com tentativas não autorizadas de acesso ao sistema. O objetivo básico de qualquer sistema de controlo de acesso é restringir um utilizador exatamente àquilo que ele deve ser capaz de fazer e proteger a informação contra o acesso não autorizado.

1.2.1 Modelos tradicionais de controlo de acesso e sua capacidade de aplicação na nuvem

Cada um dos modelos tradicionais de controlo de acesso foi proposto para um ambiente específico com um conjunto de requisitos básicos:

Modelo MAC [6]

Modelo de controlo de acesso obrigatório (MAC), em que uma autoridade central é responsável por dar acesso decisões a um utilizador/sujeito que solicita acesso a objectos. O MAC oferece proteção contra o fluxo de informação e as fugas indirectas de informação, mas não garante a total confidencialidade da informação. Por exemplo, qualquer sujeito não classificado pode escrever em objectos ultra-secretos, podendo provocar alterações indevidas nos objectos e violar a sua integridade.

Além disso, este modelo é muito dispendioso e difícil de implementar e não suporta: separação de tarefas, privilégio mínimo e princípios de delegação ou herança. Também não suporta a ativação dinâmica de direitos de acesso para determinadas tarefas. Além disso, não suporta restrições de tempo e de localização.

Modelo DAC [34]

O modelo de controlo de acesso discricionário (DAC) confere aos proprietários dos objectos a possibilidade de restringir o acesso aos seus objectos ou à informação contida nos objectos com base na identidade dos utilizadores ou na sua pertença a determinados grupos. O modelo DAC é geralmente menos seguro do que o modelo MAC, pelo que é utilizado em ambientes que não exigem um elevado nível de proteção [24]. O DAC tem muitos efeitos secundários quando é utilizado na computação em nuvem, tais como

- Inexistência de um mecanismo ou método que facilite a gestão dos direitos indevidos.
- Por exemplo, um utilizador só pode ler um ficheiro numa empresa e, em seguida, pode copiar o conteúdo do ficheiro para outro ficheiro, a fim de o transmitir a outro utilizador.
- Não tem a capacidade de controlar o fluxo de informações ou de lidar com cavalos de Troia que podem herdar permissões de acesso [48].
- Um utilizador pode passar os seus direitos a outro utilizador, o que pode violar a integridade e a confidencialidade dos objectos.
- Por último, não é suficientemente escalável para a computação em nuvem.

Modelo RBAC hierárquico [49]

O modelo de Controlo de Acesso Baseado em Funções (RBAC) é considerado uma forma natural de controlar o acesso a recursos em organizações e empresas. A motivação subjacente ao RBAC advém do facto de se considerar que "a responsabilidade de um sujeito é mais importante do que quem é o sujeito". Num sistema de informação, é utilizada uma hierarquia ou rede para indicar as relações e disposições dos objectos, utilizadores, elementos, valores, etc. Em especial, em muitos sistemas de controlo de acesso, os utilizadores estão organizados numa hierarquia construída com um certo número de classes, chamadas classes de segurança ou funções, de acordo com as suas competências e responsabilidades. Esta hierarquia resulta do facto de alguns utilizadores terem mais direitos de acesso do que outros.

Para gerir sistemas de grande escala, a hierarquia no RBAC torna-se mais complexa do que noutros sistemas. A hierarquia de funções (RH) é um meio natural de estruturar funções para refletir as linhas de autoridade e responsabilidade de uma organização. Os autores adoptam as definições do modelo RBAC proposto por Sandu et al. [50], que tem os seguintes componentes básicos

- *U*, *R*, *P* e *S* representam utilizadores, funções, permissões e sessões, respetivamente.
- $PRA \subseteq$ P x *R* é uma relação de atribuição de permissões e funções de muitos para muitos.
- $RUA \subseteq$ U x *R* é uma relação de atribuição de funções entre utilizadores muitos-para-muitos.
- $RH \subseteq$ R x *R* é uma ordem parcial em *R* designada por hierarquia de funções ou relação de dominância de funções, escrita como $\preceq$.
- $SUA : S \rightarrow$ U é uma função que mapeia cada sessão s_i para o utilizador único u_i.

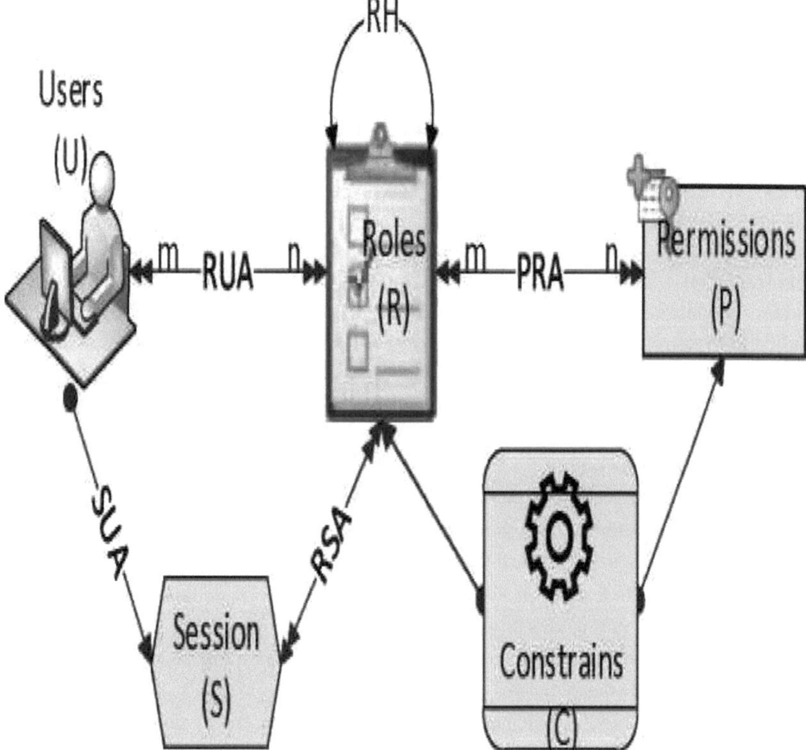

Figura 1.1: O modelo de controlo de acesso baseado em funções.

- $RSA : S \rightarrow 2^R$ é uma função que mapeia cada sessão s_i para um conjunto de papéis: $roles(s_i) \subseteq \{r \in R | \exists r' \in R, r \preceq r' : (utilizador(s_i), r') \in RUA\}$ e s_i tem as permissões:

$\bigcup_{r \in roles(s_i)} \{p \in P | \exists r'' \in R, r'' \preceq r : (p, r'') \in PRA\}$.

O último componente (*RSA*) indica que o sistema pode executar automaticamente o RBAC sem a intervenção do utilizador. Quando um utilizador executa uma operação, em primeiro lugar, o sistema utiliza a função *SUA*, tomando como entrada a sessão s_i, para atribuir ao utilizador uma única sessão. Em seguida, o conjunto de funções do utilizador é atribuído utilizando a relação de atribuição de funções ao utilizador *RUA*. Depois, as permissões do utilizador são encontradas utilizando a hierarquia de funções *RH* e a relação de atribuição de permissões a funções *PRA*. Finalmente, o sistema determina se a operação do utilizador é legítima de acordo com as permissões. O modelo *RBAC* é apresentado na Figura 1.1. No entanto, o RBAC não consegue lidar com as seguintes questões:

- Não consegue lidar com os comportamentos dinâmicos/aleatórios dos utilizadores e também não tem em conta as restrições de tempo e de localização.
- Não suporta responsabilidades activas, uma vez que não separa as tarefas das funções.
- Tem de lidar com a falta de modelos semânticos sofisticados para representar e comunicar privilégios.
- Antes de utilizar o RBAC na computação em nuvem, é necessário garantir a concessão de decisões de acesso num prazo razoável.

Modelo ABAC [3]

O modelo de controlo de acesso baseado em atributos (ABAC) baseia-se num conjunto de atributos associados a um requerente ou a um recurso a aceder para tomar decisões de acesso. Há muitas formas de definir ou utilizar atributos neste modelo. Um atributo pode ser a data de início do trabalho de um utilizador, a localização de um utilizador, a função de um utilizador ou todos eles. Os atributos podem ou não estar relacionados uns com os outros. No entanto, chegar a um acordo sobre que tipo de atributos devem ser utilizados e quantos atributos devem ser tidos em conta para tomar decisões de acesso é uma tarefa complexa na computação em nuvem [28].

Este modelo ainda não foi implementado para sistemas operativos conhecidos [29]. Por último, é fundamental propor uma política de segurança que funcione corretamente com o modelo ABAC, porque a política de segurança é responsável pela seleção dos atributos adequados que são utilizados para tomar decisões de acesso corretas.

Modelo Risk-BAC [8]

O Controlo de Acesso Baseado no Risco (R-BAC) foi proposto por Brucker et al. para lidar com organizações multinacionais que enfrentam vários tipos de políticas e regulamentos. O R-BAC utiliza diferentes tipos de níveis de risco com condições ambientais e utiliza o princípio da "necessidade operacional" para tomar decisões de acesso. No entanto, o R-BAC é difícil de ser implementado na computação em nuvem devido à quantidade de análise necessária e ao número de sistemas a serem combinados para calcular os níveis de risco. É necessária uma especialização que possa lidar com o modelo de forma eficiente. Por último, as políticas de segurança e as condições ambientais têm de ser normalizadas, uma vez que desempenham um papel crucial na tomada de decisões de acesso.

1.2.2 Controlo de acesso à nuvem

A computação em nuvem tem as suas próprias caraterísticas e particularidades, como a mobilidade e os serviços a pedido, pelo que os métodos tradicionais de controlo do acesso não podem ser utilizados na nuvem devido a vários desafios:

- O controlo do acesso deve ser dinâmico para se adaptar à natureza dinâmica da entrada e saída de recursos de computação em nuvem;

- O controlo do acesso deve herdar a política de segurança existente entre as nuvens; e
- Num ambiente de computação em nuvem aberta, cada nó de recurso pode não estar familiarizado (ou mesmo não se conhecer), pelo que a segurança baseada na identidade não pode ser utilizada.

Por conseguinte, os fornecedores de serviços de computação em nuvem necessitam de um sistema de controlo de acesso reforçado para controlar a admissão aos seus recursos, monitorizando com precisão quem lhes acede. Há muitos modelos de controlo de acesso apresentados pelos investigadores para a computação em nuvem.

1.3 Redes definidas por software (SDN)

A SDN é uma arquitetura de rede emergente em que o controlo da rede é dissociado do encaminhamento e é diretamente programável, como definido pela ONF [42]. Esta migração do controlo, anteriormente fortemente ligado a dispositivos de rede individuais, para dispositivos informáticos acessíveis permite que a infraestrutura subjacente seja abstraída para aplicações e serviços de rede, que podem tratar a rede como uma entidade lógica ou virtual. Como mostra a figura 1.2

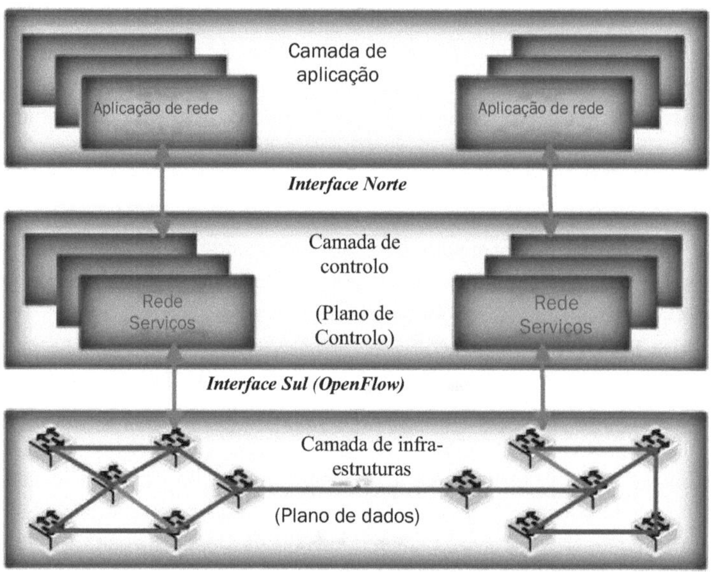

Figura 1.2: Uma arquitetura de rede definida por software em três camadas.

A figura ilustra a estrutura SDN, que consiste em três camadas. O nível mais baixo é o nível da infraestrutura, também designado por plano de dados. Inclui os elementos de rede de encaminhamento. As responsabilidades do plano de encaminhamento são principalmente o encaminhamento de dados, bem como a monitorização de informações locais e a recolha de estatísticas.

Uma camada acima, os autores encontram a camada de controlo, também designada por plano de controlo. É responsável pela programação e gestão do plano de encaminhamento. Para o efeito, utiliza a informação fornecida pelo plano de encaminhamento e define o funcionamento e o encaminhamento da rede. É composto por um ou mais controladores de software que comunicam com os elementos da rede de encaminhamento através de interfaces normalizadas, designadas por interfaces de saída. A interface sul tem um conjunto de opções de protocolo, como o Forwarding and Control Element Separation (ForCES) [18, 60], a arquitetura SoftRouter [33] e o OpenFLow [42], que é uma das interfaces sul mais utilizadas, considera principalmente os comutadores, enquanto outras abordagens SDN consideram outros elementos de rede, como os encaminhadores.

A camada de aplicação contém aplicações de rede que podem introduzir novas caraterísticas de rede, como a segurança e a capacidade de gestão, esquemas de encaminhamento ou assistir a camada de controlo na configuração da rede. A camada de aplicação pode receber dos controladores uma visão global e abstrata da rede e utilizar essa informação para fornecer orientações adequadas à camada de controlo. A interface entre a camada de aplicação e a camada de controlo é designada por interface norte.

1.3.1 Protocolo OpenFlow

O protocolo OpenFlow é o protocolo mais utilizado para a interface sul da SDN, que separa o plano de dados do plano de controlo. O livro branco sobre o OpenFlow [42] salienta as vantagens de um plano de encaminhamento configurável de forma flexível. O OpenFlow foi inicialmente proposto pela Universidade de Stanford. A especificação OpenFlow 1.0 foi lançada em dezembro de 2009 e, até à data da redação deste documento, é a versão mais comum do OpenFlow. O OpenFlow 1.1 foi lançado em fevereiro de 2011. Contém alterações significativas em relação à versão 1.0. O OpenFlow 1.2 foi lançado em dezembro de 2011. Inclui suporte alargado de protocolos, em particular para IPv6. O OpenFlow 1.3 introduz novas funcionalidades para monitorização e operações e gestão (OAM). O OpenFlow 1.4 foi lançado em outubro de 2013. O OpenFlow é agora padronizado pela ONF [42]. A ONF melhorou o suporte para o OpenFlow Extensible Match (OXM). A arquitetura do OpenFlow consiste em três conceitos básicos:

- A rede é construída por comutadores compatíveis com OpenFlow que compõem o plano de dados;
- O plano de controlo é constituído por um ou mais controladores OpenFlow; e
- Um canal de controlo seguro liga os comutadores ao plano de controlo.

Comutador OpenFlow

Um switch compatível com OpenFlow é um dispositivo de encaminhamento básico que encaminha pacotes de acordo com sua tabela de fluxo. Essa tabela contém um conjunto de entradas de tabela de fluxo, cada uma das quais consiste em um conjunto de componentes principais, conforme ilustrado na Tabela 1.1.

Campos de correspondência	Contadores de prioridades	Instruções	Intervalos	Biscoito

Tabela 1.1: Os principais componentes de uma entrada de fluxo em uma tabela de fluxo para OpenFlow 1.4.

As entradas da tabela de fluxos também são designadas por regras de fluxo ou entradas de fluxo. Cada entrada de tabela de fluxos contém:

Match Fields: para comparar com os pacotes. Estes consistem na porta de entrada e nos cabeçalhos dos pacotes e, opcionalmente, em metadados especificados por uma tabela anterior. Para permitir o encaminhamento rápido de pacotes com o OpenFlow, o comutador requer TCAM (Ternary Content Addressable Memory), que permite a pesquisa rápida de correspondências curinga.

Prioridade: precedência de correspondência da entrada de fluxo.

Contadores: actualizados quando os pacotes são correspondidos.

Instruções: para modificar o conjunto de acções ou o processamento da conduta.

Timeouts: quantidade máxima de tempo ou tempo de inatividade antes de o fluxo ser expirado pelo comutador.

Cookie: valor de dados opaco escolhido pelo controlador. Pode ser utilizado pelo controlador para filtrar estatísticas de fluxo, modificação de fluxo e eliminação de fluxo. Não é utilizado no processamento de pacotes.

Ao receber um pacote, um comutador OpenFlow executa as funções mostradas na Figura 1.3. O comutador começa por efetuar uma pesquisa na primeira tabela de fluxos e, com base no processamento do pipeline, pode efetuar pesquisas noutras tabelas de fluxos. Se for encontrada uma entrada na tabela de fluxo em que o curinga do campo do cabeçalho corresponda ao cabeçalho, a entrada é considerada. Se forem encontradas várias entradas deste tipo, os pacotes são correspondidos com base na prioridade, ou seja, é selecionada a entrada mais específica ou o wildcard com a prioridade mais elevada. Em seguida, o switch atualiza os contadores dessa entrada da tabela de fluxo. Finalmente, o switch executa as ações especificadas pela entrada da tabela de fluxo no pacote, por exemplo, o switch encaminha o pacote para uma porta.

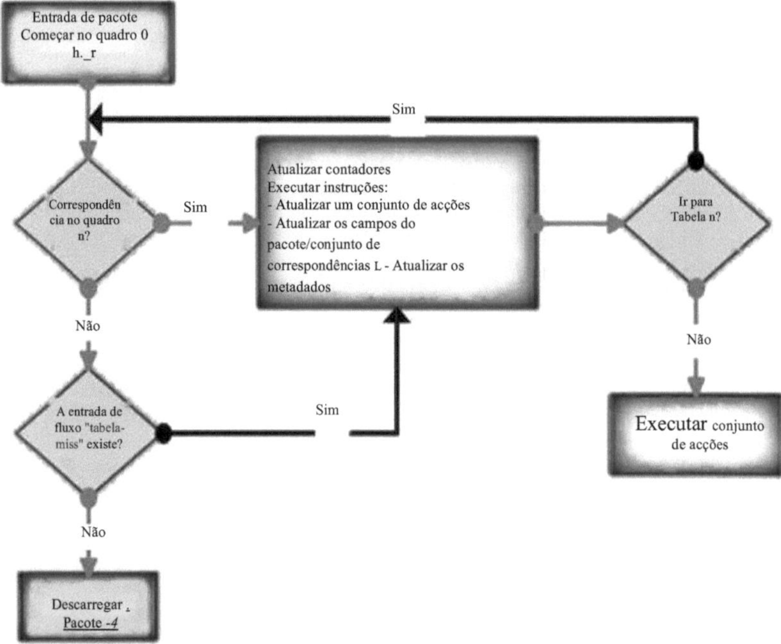

Figura 1.3: O fluxo detalhado de pacotes através de um comutador OpenFlow para o OpenFlow 1.4.

Caso contrário, se nenhuma entrada da tabela de fluxo corresponder ao cabeçalho do pacote, o switch geralmente notifica seu controlador sobre o pacote, que é armazenado em buffer quando o switch é capaz de armazenar em buffer. Para isso, ele encapsula o pacote não armazenado em buffer ou os primeiros bytes do pacote armazenado em buffer usando uma mensagem PACKET-IN e a envia para o controlador; é comum encapsular o cabeçalho do pacote e o número de bytes é 128 por padrão. O controlador que recebe a notificação PACKET-IN identifica a ação correta para o pacote e instala uma ou mais entradas apropriadas no switch solicitante. Os pacotes armazenados em buffer são então encaminhados de acordo com as regras; isso é acionado pela definição da ID do buffer na mensagem de inserção de fluxo ou em mensagens explícitas de PACKET- OUT. O mais comum é que o controlador estabeleça todo o caminho para o pacote na rede, modificando as tabelas de fluxo de todos os comutadores no caminho. Finalmente

O quadro 1.2 apresenta os protocolos OpenFlow suportados (versão 1.0 : 1.4) e os campos de correspondência disponíveis para cada versão.

Não.	Campo de jogos	OF 1.0	OF 1.1	OF 1.2	OF 1.3	OF 1.4
1.	Porta de entrada	X	X	X	X	X
2.	Metadados	*1*	X	X	X	X
3.	Ethernet: src, dst, tipo	X	X	X	X	X

4.	IPv4: src, dst, proto, ToS	X	X	X	X	X
5.	TCP/UDP: porta src, porta dst	X	X	X	X	X
6.	MPLS: etiqueta, classe de tráfego	/	X	X	X	X
7.	Correspondência Extensível OpenFlow (OXM)	/	/	X	X	X
8.	IPv6: src, dst, ow label, ICMPv6	/	/	X	X	X
9.	Cabeçalhos de extensão IPv6	/	/	/	X	X

X - Suportado e / - Não suportado.

Tabela 1.2: Os campos de correspondência do OpenFlow (OF) suportados pelas versões actuais do protocolo OpenFlow, desde o OF 1.0 até ao OF 1.4.

1.3.2 Controladores SDN

Um programa de software, denominado controlador, é responsável por preencher e manipular as tabelas de fluxo dos comutadores. Através da inserção, alteração e remoção de entradas de fluxo, o controlador pode modificar o comportamento dos comutadores no que respeita ao encaminhamento. A especificação OpenFlow define o protocolo que permite ao controlador dar instruções aos comutadores. Para o efeito, o controlador utiliza um canal de controlo seguro.

Não.	Nome do controlador	Linguagem de programação	Licença	Comentário
1.	NOX [23]	C++	GPL	Inicialmente desenvolvido na Universidade de Stanford.
2.	POX [12]	Python	Apache	Bifurcado do controlador NOX.
3.	Beacon [19]	Java	BSD	Inicialmente desenvolvido na Universidade de Stanford.
4.	Maestro [9]	Java	LGPL	Controlador OpenFlow desenvolvido na Universidade de Rice.
5.	NodeFlow [11]	JavaScript	MIT	Controlador OpenFlow JavaScript baseado em Node.JS.
6.	Terma [13]	C e Rubi	GPL	Os plugins podem ser escritos em C e em Ruby.
7.	FloodLight [21]	Java	Apache	Bifurcado de Beacon e patrocinado por Big Switch [40].

8.	OpenDaylight [41]	Java	EPL	O OpenDaylight é gerido pela Linux Foundation.

Tabela 1.3: Uma lista dos actuais controladores OpenFlow de código aberto disponíveis.

A lista de controladores de código aberto é apresentada no Quadro 1.3. O controlador NOX [23] foi inicialmente desenvolvido na Universidade de Stanford e pode ser descarregado a partir de [12]. Está escrito em C++ e licenciado ao abrigo da GNU General Public License (GPL). O controlador NOX foi utilizado em muitos trabalhos de investigação. O controlador POX [12] é uma reescrita do controlador NOX em Python e pode ser usado em várias plataformas. Inicialmente, o POX também foi publicado sob a GPL, mas está disponível sob a Apache Public License (APL) desde novembro de 2013. O controlador Beacon [19] também foi desenvolvido na Universidade de Stanford, mas é escrito em Java. O controlador está disponível sob uma licença BSD. O controlador Maestro [9] foi desenvolvido na Universidade de Rice e escrito em Java. Os autores enfatizam o uso de multi-threading para melhorar o desempenho do controlador em redes maiores. Ele é licenciado sob a GNU Lesser General Public License (LGPL). O controlador NodeFLow [11] é escrito em Java e é baseado na biblioteca Node.JS. Está disponível sob a licença MIT. O controlador Trema [13] é escrito em C e Ruby. É possível escrever plugins em C e em Ruby para esse controlador. Está licenciado ao abrigo da GPL e foi desenvolvido pela NEC. O controlador Floodlight [21] é um fork do controlador Beacon e é patrocinado pela Big Switch Networks [40]. Está licenciado ao abrigo da APL. Por último, o controlador OpenDaylight [41] é escrito em Java e está alojado na Linux Foundation. O controlador OpenDaylight não tem restrições quanto ao sistema operativo e não está vinculado ao Linux. O controlador é publicado ao abrigo da Eclipse Public License (EPL).

1.3.3 Inovação através de aplicações de rede baseadas em SDN

A SDN pode ser considerada um veículo para a inovação das redes nos últimos anos, porque permite maior flexibilidade e extensibilidade do que as arquitecturas de rede existentes. As redes baseadas em SDN requerem frequentemente apenas a atualização de um número gerível de elementos de controlo. As actualizações dos elementos de encaminhamento são muitas vezes desnecessárias, dependendo da interface sul.

Assim, a separação do plano de controlo e do plano de dados permite que ambos os planos evoluam de forma mais independente um do outro, em comparação com outras arquitecturas de rede. Várias aplicações de rede foram já propostas e avaliadas pela comunidade de investigação sobre as SDN. Podem ser agrupadas nas áreas de gestão de redes e engenharia de tráfego, balanceamento de carga de servidores de aplicações e controlo de acesso à rede, segurança SDN, virtualização de redes e encaminhamento entre domínios. Neste estudo, os autores estão interessados na segurança SDN e no controlo de acesso à rede.

Capítulo 2
Literatura relacionada e Motivação

"Não podes começar um novo capítulo da tua vida se continuas a reler o último."
- Gio Gras, *Citações inspiradoras*

2.1 Trabalho relacionado e motivação

Nesta secção, os autores apresentam uma breve discussão sobre os vários modelos de controlo de acesso à nuvem que foram apresentados, alguns ataques baseados no ambiente SDN e as soluções propostas. Finalmente, os autores motivam a necessidade da computação em nuvem para um novo modelo de controlo de acesso, e a necessidade de mitigar alguns ataques que já foram considerados para SDN, e outros que não são considerados para o SDN até agora.

Scott-Hayward et. al. [51] apresenta um levantamento exaustivo da investigação realizada sobre segurança em SDN. Os autores categorizam o trabalho existente, bem como apresentam um conjunto de conclusões e propostas para futuras direcções de investigação. [22] Analisa a forma como as SDN podem desempenhar um papel importante na implementação das funções de segurança da rede, como o controlo de acesso, a monitorização da rede ou a implantação de caixas intermédias. Em particular, a maioria destas abordagens baseia-se no OpenFlow, que suscita um grande interesse por parte da comunidade.

2.2 Modelos propostos de controlo de acesso à computação em nuvem

Uma vez que a computação em nuvem tem as suas próprias caraterísticas e particularidades, como a mobilidade e os serviços a pedido, os métodos tradicionais de controlo do acesso não podem ser utilizados na nuvem devido a vários desafios: o controlo do acesso tem de ser dinâmico para se adaptar à natureza dinâmica da entrada e saída de recursos da computação em nuvem; o controlo do acesso deve herdar a política de segurança existente entre as nuvens; num ambiente de computação em nuvem aberto, cada nó de recurso pode não estar familiarizado (nem sequer se conhecer), pelo que a segurança baseada na identidade não pode ser utilizada; etc.

Uma vez que os autores concordam que a segurança da nuvem é uma responsabilidade partilhada entre os fornecedores de serviços de nuvem e os clientes. Por conseguinte, os fornecedores de serviços de computação em nuvem necessitam de um sistema de controlo de acesso reforçado para controlar a admissão aos seus recursos e monitorizar com precisão quem lhes acede. Há muitos modelos de controlo de acesso apresentados pelos investigadores para a computação em nuvem. Nesta secção, é apresentada uma breve análise dos vários modelos de controlo de acesso à nuvem propostos:

2.2.1 Riad et al. [47]:

Propuseram um novo modelo de controlo de acesso ABAC para ambientes de computação em nuvem (AR-ABAC), especialmente para IaaS em nuvem, que suporta regras de atributos que podem lidar com a associação entre utilizadores e objectos. Além disso, os autores introduziram uma definição formal de ABAC para alguns objectivos especiais. O modelo garante a partilha segura de recursos entre potenciais inquilinos não confiáveis e suporta diferentes permissões de acesso para o mesmo utilizador na mesma sessão. Além disso, é suficientemente flexível para suportar um conjunto de restrições que representam os requisitos básicos para o modelo de controlo de acesso à nuvem.

Este modelo pode ser considerado como um passo corajoso na introdução do ABAC como o próximo modelo de controlo de acesso para ambientes de computação em nuvem. No entanto, ainda há muito a fazer para integrar completamente o modelo AR-ABAC em todos os serviços de computação em nuvem. É de referir que Riad e Zhu [46] alargaram o modelo AR-ABAC para ser utilizado em ambientes de computação em nuvem integrados em SDN.

2.2.2 Wang et al. [59]:

Sugeriu um algoritmo de acesso adaptativo, introduzindo a confiança na computação em nuvem para decidir o controlo de acesso aos recursos utilizando um algoritmo melhorado

A técnica RBAC, para resolver problemas mais complexos e difíceis no ambiente de computação em nuvem. O nível de confiança é atualizado e alterado automaticamente pelo sistema de gestão da confiança de acordo com a evolução feita pelas nuvens após cada transação.

A combinação do sistema de controlo de acesso com um nível de confiança calculado e modificado com base no comportamento de um utilizador é uma boa abordagem. No entanto, as pontuações relacionadas com um nível de confiança que é calculado pelos utilizadores ou pelos recursos podem causar problemas de comportamento inadequado. Além disso, o tipo de mecanismo utilizado e a forma como o acesso pode ser concedido não são evidentes. Também no modelo, não é claro onde o modelo RBAC está localizado e como o acesso aos recursos é concedido (funções, pontuações de confiança ou ambos).

2.2.3 Tianyi et al. [56]:

O coRBAC proposto é um sistema RBAC especificamente optimizado para a computação em nuvem. Herda o modelo de função do RBAC existente e o modelo de domínio do RBAC distribuído, e optimiza e melhora o sistema de controlo de acesso para serviços que estão alojados na plataforma de computação em nuvem. O coRBAC implementa um RBAC interno em cada organização e existe apenas uma função de gestor em cada RBAC interno. Apresenta os seguintes inconvenientes:

- Depende da Autoridade de Certificação (AC) para a emissão dos certificados dos utilizadores, o que pode causar problemas de eficiência e escalabilidade, uma vez que tem de ser emitido um novo certificado sempre que é necessário um acesso. Assim, tem um grande impacto nas empresas que têm um grande número de utilizadores.
- O desempenho da rede pode ser afetado pela utilização da CA, uma vez que esta pode ser um ponto de ataque único e um estrangulamento.
- Não é claro como é que aumenta o nível de segurança e pode trazer outras preocupações, como problemas de confiança.
- Dar às organizações o direito de utilizar as suas funções privadas na sua própria rede interna não constitui uma novidade.
- Não lida com a heterogeneidade causada pela junção de vários domínios de segurança.
- Não é fornecida qualquer informação sobre o domínio de segurança, o que não faz sentido, ou podem querer que seja utilizado em domínios diferentes com as mesmas permissões.

2.2.4 Tsai e Shao [57]:

Propôs um modelo RBAC que utiliza uma ontologia de funções para a Arquitetura Multi-Tenancy (MTA) em nuvens. A ontologia é utilizada para construir a hierarquia de funções para um domínio específico. São fornecidos algoritmos de operações de transformação de ontologias para comparar a semelhança de diferentes ontologias. Nesta abordagem, um sujeito pode ter vários papéis em diferentes sessões. Além disso, uma hierarquia de funções baseia-se numa ontologia de domínio e pode ser transferida entre vários domínios ontológicos. São utilizadas diferentes políticas para conceder permissões, como a política de acesso e de segurança.

Não atribui níveis de sensibilidade à informação e não apoia o princípio da delegação e a ativação dinâmica dos direitos de acesso para determinadas tarefas. Além disso, tem de garantir decisões de concessão de acesso num prazo razoável e com base nos requisitos do sistema. Por último, tem de ser medida a escalabilidade no que respeita ao número de funções, ao número de permissões, à hierarquia de funções e aos limites das atribuições de funções de inquilino.

2.2.5 Mon e Naing [38]:

Propuseram um sistema de reforço da privacidade num sistema de nuvem privada de base académica, utilizando a infraestrutura de nuvem de fonte aberta Eucalyptus. Tentaram garantir a privacidade dos utilizadores da nuvem e a segurança dos dados pessoais, combinando RBAC e ABAC. Os autores afirmaram que a proteção da privacidade dos dados é o principal objetivo do seu esquema, mas não há uma explicação ou prova clara de como é protegida.

2.2.6 Narayanan e Giine [39]:

Controlo de acesso baseado na função-tarefa adaptado (T-RBAC) com restrições como o privilégio mínimo, a separação de tarefas, a delegação de tarefas e o acesso espacial e temporal. As permissões são activadas ou desactivadas de acordo com a tarefa atual ou o estado do processo. Como não há separação entre funções e tarefas, são utilizados diferentes factores, como utilizadores, recursos de informação, funções, tarefas, fluxo de trabalho e regras de negócio, para resolver o problema da separação e determinar o mecanismo de controlo do acesso.

No entanto, não indica como é que a informação é partilhada de forma significativa entre diferentes hospitais e como é resolvido o problema da separação entre funções e tarefas. Os sistemas de cuidados de saúde sofrem normalmente de problemas de heterogeneidade e também de T-BRAC, mas aqui não há qualquer indicação de como estes problemas podem ser resolvidos. Não fornece quaisquer níveis de sensibilidade para as informações, uma vez que se deve ter em conta que algumas informações são mais sensíveis do que outras, como o historial médico.

2.2.7 Sun et al. [55]:

Apresentou um modelo de controlo de acesso baseado na semântica, que considera as relações semânticas entre diferentes entidades na computação em nuvem. Este esquema implementa um sistema de controlo de acesso em ambientes Web semânticos e utiliza ontologias para o modelo de segurança RBAC. Estenderam o modelo RBAC utilizando ambientes Web semânticos e utilizaram os âmbitos semânticos de sujeitos, objectos, acções e atributos para definir as relações utilizadas nas ontologias.

Este esquema pode ser um bom passo para a conceção de um sistema de controlo de acesso semântico, mas tem de ser implementado e avaliado em ambientes práticos, e como pode também lidar com um grande número de utilizadores com diferentes regulamentos. Não resolveu os problemas de ativação dinâmica no RBAC ou de sensibilidade dos dados.

2.2.8 Younis et al. [62]:

Propôs um modelo de controlo de acesso para a computação em nuvem denominado AC3. O AC3 tem três níveis diferentes de segurança, que podem ser utilizados de acordo com o nível de confiança. Suporta vários níveis de sensibilidade da informação, a fim de restringir quem pode ler e modificar a informação na nuvem.

Os autores partem do princípio de que o AC3 tem a flexibilidade de lidar com diferentes permissões de acesso para o mesmo utilizador da nuvem e de lhe dar a possibilidade de utilizar vários serviços no que diz respeito ao momento da autenticação e do início de sessão. O modelo propôs um mecanismo de etiquetas de segurança que é utilizado para emitir etiquetas de segurança em ambientes e processos semi ou não confiáveis, mas que tem de ser aplicado num ambiente real de nuvem.

2.3 Ataques a SDN e soluções propostas

O advento da SDN trouxe à comunidade de segurança de rede tanto oportunidades como desafios. Por um lado, a gestão centralizada da rede oferece uma plataforma para abordar as preocupações tradicionais da rede. As novas abordagens para defender os ataques à rede são possíveis com dados globais recolhidos de toda a rede. Por outro lado, os componentes do controlador e a sua ligação aos dispositivos de rede tornaram-se os principais alvos de novos ataques à rede. Além disso, potenciais bugs de software ou backdoor no controlador podem tornar toda a rede vulnerável a ataques à rede. O documento de posição [32] classifica as potenciais ameaças SDN em sete categorias, como mostra a Figura 2.1. As ameaças SDN podem ocorrer no plano de dados, no plano de controlo ou na comunicação entre o plano de dados e o plano de controlo.

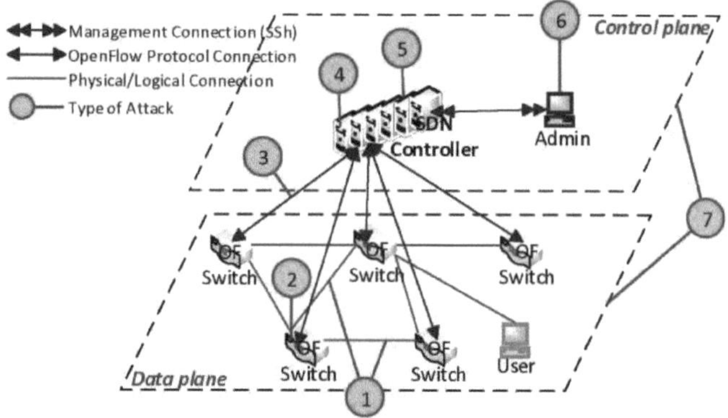

Figura 2.1: As categorias básicas de ameaças do ambiente SDN.

2.1.1 Segurança geral de SDN e OpenFlow

O trabalho apresentado nesta secção enumera a investigação que tem aplicações de segurança para as redes SDN em geral, incluindo as que se limitam à especificação OpenFlow.

Processadores de pacotes independentes de protocolo:

O trabalho apresentado por Bosshart et. al. defende a criação de hardware de comutação que possa suportar qualquer protocolo arbitrário utilizando um analisador e uma série de processadores de ação de correspondência [7]. Este trabalho é motivado pela capacidade do hardware com OpenFlow de fazer corresponder regras a pacotes com base em diferentes campos de cabeçalho nos protocolos existentes, o que permite que as regras sejam aplicadas em quaisquer permutações possíveis desses campos. No entanto, este trabalho é também motivado pelo facto de o OpenFlow só poder realizar acções de correspondência em protocolos suportados pela especificação, como o TCP ou o IP, em vez de qualquer protocolo arbitrário que um programador deseje suportar.

ClickOS:

O trabalho apresentado por Martins, et. al. é um método para a criação de middleboxes virtualizadas que são capazes de operar em line rate [35]. Este trabalho é motivado pelo Roteador Modular Click [31], que permite a criação de caminhos de dados de processamento de pacotes variados que podem implementar várias funções de rede. Os investigadores notam que o Click pode ser usado para implementar middleboxes em hardware, mas o software Click só é implementado dentro de sistemas operativos Linux, que têm uma pegada de sistema muito elevada em comparação com a funcionalidade que é criada por uma middlebox implementada em Click. Em vez disso, os investigadores usam o MiniOS, um sistema operativo minimalista fornecido pelo hipervisor Xen [45], e executam o software Click dentro de instâncias deste sistema operativo. Ao usar o MiniOS, os investigadores conseguem criar novas instâncias de máquinas virtuais muito rapidamente, com cada uma delas a implementar potencialmente diferentes funcionalidades de middlebox. Este sistema apresenta middleboxes definidas por software e apresenta várias oportunidades de segurança interessantes para diferentes tecnologias SDN.

Rumo a um controlador SDN elástico e distribuído:

Neste trabalho, Dixit et. al. apresentam um controlador SDN distribuído que é compatível com OpenFlow [17]. Este trabalho faz uso significativo de mecanismos específicos do OpenFlow, especialmente funções específicas de gestão de comutadores OpenFlow. A arquitetura permite que os comutadores sejam migrados entre diferentes controladores e que um conjunto de controladores disponíveis seja redimensionado com base na procura observada na rede. Este trabalho se diferencia dos demais pelo uso de um armazenamento de dados distribuído para armazenar o estado da rede e pelas propriedades de segurança garantidas pelo protocolo de migração de switches. Este trabalho, juntamente com o Kandoo (detalhado abaixo) e outros controladores distribuídos, pode ajudar a mitigar certas classes de ataques, tais como ataques DoS no plano de controlo . No entanto, a intenção desta tecnologia, juntamente com outros controladores distribuídos, é aumentar a tolerância a falhas e a escalabilidade do plano de controlo, em vez de abordar questões de segurança.

Kandoo:

Neste trabalho, Yeganeh e Ganjali apresentam outro controlador distribuído compatível com OpenFlow, que difere de outros trabalhos pelo uso de uma hierarquia de controladores [61]. Os autores apresentam o Kandoo como um sistema de controladores que estabelecem uma estrutura hierárquica de responsabilidade, sendo que apenas os controladores no topo da hierarquia têm responsabilidade por toda a rede. Os controladores que existem mais abaixo na hierarquia são responsáveis apenas por decisões locais e transferem quaisquer decisões fora do seu âmbito para o nível seguinte, tal como o plano de dados encaminha todas as decisões para o plano de controlo. Os autores descrevem apenas uma hierarquia de baixo nível com uma camada local e uma camada global, mas afirmam que o sistema pode ser alargado a hierarquias maiores, se necessário. Este sistema também é útil para defesas contra certos tipos de ataques ao plano de controlo, mas a sua superfície de ataque e resposta são diferentes das apresentadas por [17]. É de notar que a segurança não era um dos objectivos principais deste trabalho.

DevoFlow:

Neste trabalho, Curtis et. al. detalham várias deficiências do protocolo OpenFlow que degradam o seu desempenho em redes de alto desempenho e, em seguida, apresentam uma arquitetura para um protocolo semelhante ao OpenFlow que resolve essas deficiências [15]. Os problemas detectados no OpenFlow pelos autores estão relacionados com o facto de os planos de controlo e de dados terem de comunicar para recolher informações sobre os fluxos, devido à sua separação. Em redes de menor escala, esta comunicação é tolerável, mas em redes de maior desempenho, a quantidade de comunicação pode degradar seriamente o desempenho da rede, o que não é apenas um problema de desempenho, mas também um potencial risco de segurança. A arquitetura apresentada pelos autores devolve um certo grau de responsabilidade aos dispositivos de rede para que tomem decisões locais, como decisões rápidas de encaminhamento, e permite uma recolha mais eficiente de estatísticas para reduzir a comunicação. Nesta arquitetura, o plano de controlo só é consultado para fluxos desconhecidos e fluxos que tenham sido designados para objectivos específicos de engenharia de tráfego, como a qualidade do serviço (QoS). Esta é outra tentativa de reduzir a carga no plano de controlo, semelhante aos dois trabalhos anteriores. No entanto, os autores fizeram considerações de segurança durante o projeto do sistema.

AVANT-GUARD:

Neste trabalho, Shin et. al. apresentam um sistema que se centra diretamente nas vulnerabilidades de segurança existentes no OpenFlow [54]. O sistema é motivado por duas vulnerabilidades específicas do protocolo, nomeadamente o estrangulamento na comunicação entre o plano de controlo e o plano de dados e a lenta taxa de resposta do controlador a alterações no plano de dados. Para resolver estes problemas, os investigadores propõem dois mecanismos para o protocolo OpenFlow, que são implementados no plano de dados. O primeiro destes mecanismos é a adição de uma capacidade para os dispositivos de rede responderem diretamente aos pedidos de ligação TCP e filtrarem as ligações ilícitas utilizando cookies SYN e um procedimento especial de aperto de mão TCP. Neste método, o comutador de rede actua como um proxy para o destino de um pedido TCP e filtra os pedidos de ligação até ser determinado se estas ligações serão aceites por ambos os pontos terminais. Só quando se determina que uma ligação será aceite por ambos os pontos terminais é que o plano de controlo é informado do pedido de ligação. O segundo mecanismo é uma extensão da especificação da regra da tabela de fluxo para permitir que as regras sejam acionadas por eventos, como um número limite de pacotes/segundo. Este mecanismo também permite que as cargas úteis dos pacotes e as notificações de eventos sejam enviadas ao controlador, o que não é suportado pelas actuais especificações OpenFlow.

Envenenamento da visibilidade da rede em redes definidas por software: Novos ataques e contramedidas:

Neste contexto, Hong et. al. apresentam o TopoGuard, uma nova extensão de segurança para os controladores SDN, que permite a deteção automática e em tempo real de ataques de envenenamento da topologia da rede [25]. Uma vez que o controlador é o núcleo da arquitetura SDN, se o controlador OpenFlow sofrer de qualquer vulnerabilidade grave na sua conceção/implementação, toda a rede será lançada no caos, ou mesmo totalmente sob o controlo de atacantes. Até à data, foram propostas várias abordagens à segurança das SDN. FortNOX [44] resolve os conflitos de regras que violam as políticas de segurança existentes, e fornece autorização baseada em funções e aplicação de restrições de segurança no kernel do controlador. FRESCO [54] fornece uma estrutura de programação componível para facilitar o desenvolvimento rápido de aplicações de segurança SDN. FlowVisor [53] fornece isolamento de diferentes fatias de rede e VeriFlow [30] verifica a correção de toda a rede verificando a representação gráfica de encaminhamento derivada de mensagens de modificação de fluxo.

SPHINX: Detectando ataques de segurança em redes definidas por software:

Neste trabalho, Dhawan et. al. propõem o SPHINX para detetar ataques conhecidos e potencialmente desconhecidos à topologia da rede e ao encaminhamento do plano de dados com origem numa SDN [16]. O SPHINX aproveita a nova abstração de gráficos de fluxo, que se aproximam das operações reais da rede, para permitir a validação incremental de todas as atualizações e restrições da rede. As contribuições deste trabalho são: Os autores examinam quatro controladores SDN populares e demonstram que são vulneráveis a um conjunto diversificado de ataques à topologia da rede e ao encaminhamento do plano de dados; apresentam gráficos de fluxo incrementais como uma nova abstração para a deteção em tempo real de ameaças à segurança; apresentam a conceção e a implementação do SPHINX e do seu motor de políticas, que permite aos administradores de rede especificar políticas de segurança de granularidade fina e permite uma fácil atribuição de acções; finalmente, avaliam o SPHINX para mostrar que é prático e envolve despesas gerais aceitáveis, relatando também as experiências adquiridas com a utilização do SPHINX em quatro estudos de caso diferentes.

2.4 A necessidade de um novo controlo de acesso à nuvem Modelo

Com base nos factos afro mencionados sobre os modelos de controlo do acesso à nuvem propostos. Há uma necessidade urgente de novas ideias e contribuições para os modelos de controlo do acesso à nuvem e também para a segurança do ambiente da nuvem. O modelo de controlo de acesso robusto tem de lidar com algumas questões básicas devido à natureza distinta da computação em nuvem [36]

- Agrupamento dos recursos da nuvem para servir um grande número de utilizadores com diferentes classificações que podem tratar diversas permissões associadas ao mesmo utilizador da nuvem;
- Dar ao utilizador a possibilidade de utilizar vários serviços no que respeita à autenticação e ao tempo de início de sessão;
- Transferência de credenciais de utilizadores entre camadas para aceder a serviços e recursos;
- Utilização de multi-tenancy em que diferentes recursos são dinamicamente atribuídos e desatribuídos a pedido, desconhecendo-se a localização de cada recurso.

Todos estes factos indicam claramente a necessidade de um modelo de controlo de acesso eficaz para o ambiente de computação em nuvem.

2.5 Defesa contra diferentes ataques a SDN

O funcionamento correto de uma SDN exige que duas propriedades essenciais da rede - a topologia da rede e o encaminhamento do plano de dados - sejam sempre preservadas. Os autores motivam a necessidade de um modelo de segurança que possa detetar em tempo real ataques de segurança conhecidos e potencialmente desconhecidos a estas duas propriedades-chave das SDN. Em primeiro lugar, descreve dois cenários que são representativos dos possíveis ataques à topologia da rede e ao encaminhamento do plano de dados, lançados a partir de anfitriões e/ou comutadores comprometidos. Embora possa haver outras variantes desses ataques, os mecanismos para envenenar a visão do controlador da rede permanecem basicamente os mesmos. Em segundo lugar, argumenta que as soluções tradicionais podem defender-se contra ameaças de segurança conhecidas na sua forma exacta, não sendo portáteis para as SDN. Qualquer adaptação dessas soluções às SDNs exige a aplicação de patches no controlador.

Ataques baseados em host e switch

O OpenFlow exige que os pacotes que não correspondam a uma regra de fluxo sejam enviados pelo comutador para o controlador. Apesar da separação entre o plano de controlo e o plano de dados, este requisito do protocolo abre a possibilidade de os anfitriões maliciosos alterarem a topologia da rede e o encaminhamento do plano de dados, ambos essenciais para o correto funcionamento do SDN. Especificamente, os hosts maliciosos podem

i. Forjar dados de pacotes que seriam depois retransmitidos pelos comutadores como mensagens PACKET_IN e subsequentemente processados pelo controlador;
ii. Implementar ataques de negação de serviço (DoS) no controlador e nos comutadores; e
iii. Aproveitar os mecanismos de canal lateral para extrair informações sobre as regras de fluxo.

Os soft switches comprometidos podem não só iniciar todos os ataques baseados no anfitrião, mas também desencadear ataques dinâmicos aos fluxos de tráfego que passam pelo switch, resultando em DoS de rede e desvio ou reencaminhamento de tráfego.

1. **Topologia da rede:** Os controladores SDN processam uma variedade de pacotes de protocolos Os controladores processam as mensagens (ARP, IGMP, LLDP, etc.) enviadas pelos comutadores como mensagens OpenFlow PACKET_IN para construir a sua visão da topologia da rede. Os controladores processam mensagens LLDP para descoberta de topologia e mensagens IGMP para manter grupos multicast, enquanto encaminham pedidos e respostas ARP, permitindo que os anfitriões finais criem caches ARP que facilitem a comunicação na rede. Os anfitriões comprometidos podem falsificar as mensagens acima referidas para alterar a visão que o controlador tem da topologia e induzi-lo a instalar regras de fluxo para efetuar uma série de ataques à rede.

   Exemplo: Um ataque de topologia falsa pode ser lançado num controlador SDN para envenenar a sua visão da rede utilizando mensagens PACKET_IN prejudiciais enviadas pelos comutadores. Essas mensagens PACKET_IN maliciosas podem ser geradas pelos próprios comutadores não confiáveis ou por hosts finais, que podem enviar mensagens LLDP arbitrárias falsificando a conetividade em links de rede arbitrários entre os comutadores. Quando o controlador tenta encaminhar o tráfego através destas ligações fantasma, resulta em perda de pacotes e, se esta ligação estiver num caminho crítico, pode mesmo conduzir a um blackhole.

2. **Encaminhamento do plano de dados:** Os anfitriões e comutadores maliciosos podem montar DoS inundando a rede com tráfego para anfitriões arbitrários para esgotar os recursos em comutadores vulneráveis e/ou no controlador SDN, afectando assim o encaminhamento no plano de dados.

    Exemplo: A TCAM é uma memória associativa rápida que armazena regras de fluxo. Hosts mal-intencionados podem ter como alvo a TCAM de um switch para realizar ataques DoS direcionados contra outros hosts. Os hosts mal-intencionados podem enviar tráfego arbitrário e forçar o controlador a instalar um grande número de regras de fluxo, esgotando assim a TCAM do switch. Subsequentemente, nenhuma outra regra de fluxo pode ser instalada neste switch, até que os fluxos instalados expirem. Se esse comutador estiver em um caminho crítico na rede, isso pode resultar em latência significativa ou quedas de pacotes.

Os ataques tradicionais manifestam-se nas SDN

Vários ataques que afectam as redes tradicionais também afectam as SDN, sendo que estes ataques são desencadeados em parte devido às complexidades da arquitetura SDN ou ao protocolo envolvido (ou seja, ARP, LLDP, etc.). No entanto, a adaptação das defesas tradicionais para esses ataques em SDNs não é trivial. Isso ocorre porque as redes tradicionais geralmente dependem da inteligência do switch para implementar defesas robustas contra ataques de segurança conhecidos. Em contrapartida, os comutadores SDN são meras entidades de encaminhamento sem qualquer inteligência. Embora seja possível corrigir os controladores SDN para se defenderem contra vulnerabilidades específicas conhecidas, não é uma solução abrangente para detetar todos os ataques à segurança nas SDN.

Exemplos: Em redes tradicionais, a verificação confiável de pacotes de switches vizinhos para defender contra falsificação de LLDP requer mecanismos criptográficos, o que é uma solução pesada. De facto, a autenticação de mensagens entre anfitriões e comutadores (mesmo com o TLS ativado) não oferece defesa contra regras de encaminhamento corrompidas em comutadores SDN, como é o caso do ataque de topologia falsa.

Como outro exemplo, as redes tradicionais se defendem contra o envenenamento por ARP usando a inspeção dinâmica de ARP (DAI) [27] ou exigindo que os hosts executem programas como o arp-watch [4] para configurar mapeamentos estáticos. A DAI exige que os comutadores bisbilhotem todas as mensagens DHCP que passam por eles e usem essas informações para: (i) evitar que um servidor DHCP desonesto atenda clientes e (ii) construir uma tabela de associações válidas entre MAC e IP para validar pacotes ARP à medida que eles passam. Em contraste, os comutadores SDN são burros e não podem estender trivialmente a DAI, enquanto as defesas baseadas no host não são suficientemente abrangentes. Ambos os exemplos acima são representativos do facto de que mesmo defesas simples e bem conhecidas para ataques em redes tradicionais não podem ser trivialmente estendidas para SDNs de uma forma agnóstica de controlador.

Capítulo 3

Um novo modelo de controlo de acesso e soluções para ataques SDN

"Hoje fecho a porta do passado, abro a porta do futuro, respiro fundo, passo por ela e começo um novo capítulo na minha vida."

- Autor desconhecido, *Citações inspiradoras*

3.1 Modelo de controlo de acesso à computação em nuvem com regras de atributos

Os autores estão a tentar propor um novo modelo de controlo de acesso baseado no controlo de acesso por atributos (ABAC). No entanto, não existe um modelo ABAC formal amplamente aceite, como existe para o DAC, MAC e RBAC [5]. O autor utiliza uma definição ABAC funcional, estabelecida na publicação especial 800162 do NIST [26]. O modelo proposto (AR-ABAC) utiliza o ABAC como espinha dorsal. Assim como as caraterísticas e conceitos básicos do ABAC, como segue:

- O ABAC baseia-se na avaliação dos atributos do sujeito, dos atributos do objeto, das condições ambientais e da regra ou política formal de relação/controlo de acesso que define as operações permitidas para as combinações de atributos sujeito-objeto.
- A cada sujeito que utiliza o sistema devem ser atribuídos atributos específicos. Estes atributos são atribuídos e geridos por uma autoridade dentro da organização que mantém a informação de identidade do sujeito.
- O ABAC baseia-se na atribuição de atributos a sujeitos e objectos e no desenvolvimento de uma política que contém as regras de acesso. A cada objeto do sistema devem ser atribuídos atributos de objeto específicos que o caracterizem.
    - cada objeto no sistema tem pelo menos uma política que define as regras de acesso para os sujeitos, operações e condições ambientais permitidos para o objeto.
    - As regras que ligam os atributos do sujeito e do objeto especificam indiretamente os privilégios (ou seja, que sujeitos podem executar que operações em que objectos).
    - Uma vez estabelecidos os atributos do sujeito, os atributos do objeto e as políticas, os objectos são protegidos utilizando o ABAC. Os mecanismos de controlo de acesso medeiam o acesso aos objectos, limitando o acesso a operações permitidas por sujeitos autorizados.

Qualquer modelo de controlo de acesso que venha a ser implementado na computação em nuvem tem um conjunto de requisitos obrigatórios a cumprir. O modelo proposto (AR-ABAC) pode cumprir um conjunto de requisitos de controlo de acesso à computação em nuvem, tais como

- Flexibilidade na gestão dos atributos.
- Menos de permissões.
- Apoiar a gestão dos inquilinos pelos utilizadores.

Isto pode ser feito utilizando o ABAC formal supramencionado, bem como as caraterísticas do ABAC, e definindo mais componentes extra no modelo proposto, em que cada componente suporta, pelo menos, um dos requisitos de controlo de acesso para a computação em nuvem, como se segue:

3.1.1 Flexibilidade na gestão dos atributos

Uma vez que chegar a um acordo sobre o tipo de atributos a utilizar e o número de atributos a ter em conta para tomar decisões de acesso é uma tarefa complexa [28]. No modelo proposto, os autores propõem a Regra de Atributos (RA) para ultrapassar este problema. A RA pode ser simplesmente definida como um conjunto de regras predefinidas para utilizadores e objectos. A RA está basicamente interessada nos atributos dos utilizadores e dos objectos. A RA pode ponderar cada atributo e cada conjunto de atributos. A ponderação de cada atributo indica o seu poder de utilização e a ponderação de cada conjunto de atributos reflecte o seu poder de ser tido em conta, bem como a função/nível de sensibilidade que lhe é atribuído. Em pormenor, a RA é definida com base numa sequência de etapas :

G5: High Weight = [H_w, Max_w]
G4: After Medium Weight = [AM_w, H_w[
G3: Medium Weight = [M_w, AM_w[
G2: Before Medium Weight = [BM_w, M_w[
G1: Low Weight = [L_w, BM_w[

Figura 3.1Os conjuntos de grupos de classificação do peso médio dos atributos no modelo proposto, onde cada grupo é representado pelos seus limites inferior e superior.

1. **Pesos dos atributos,** a organização atribui a cada atributo um único valor de peso $(w \in [0, Max_w])$. Este peso reflecte o atributo poder e importância. Para todos os atributos, incluindo atributos selecionados e não selecionados, existe um conjunto de atributos selecionados e outros não selecionados que serão utilizados no modelo de acordo com a organização. No modelo proposto, os autores consideram que os atributos de peso zero são não selecionados. Os atributos não selecionados não são utilizados nos passos seguintes porque não afectam o modelo pelo seu peso zero, como é o caso do atributo Notas.
2. **Poder dos conjuntos de atributos,** o peso médio de cada conjunto de atributos reflecte o poder do conjunto. Os pesos médios dos conjuntos são classificados em grupos, como mostra a Figura 3.1. A figura ilustra cinco grupos de classificação para o peso médio(A_w) dos conjuntos de atributos. De baixo para cima: **G1.** representa o grupo de menor poder, para que um conjunto de atributos com peso médioA_w esteja em G1.,A_w deve satisfazer $(L_w \preceq A_w \prec BM_w)$em que $L_w \succ 0$ porque zero representa o não selecionado atributos; **G2.** é mais poderosodo que G1., para um conjuntode atributos com peso médioA_w para estar em G2.,A_w deve satisfazer ;$(BM_w \preceq A_w \prec M_w)$
   G3. representa o grupo com poder médio, para um conjuntode atributoscom o peso médioA_w para estar em G3,A_w deve satisfazer ; $(M_w \preceq A_w \prec AM_w)$
   G4. é mais poderoso que G3., para que um conjunto de atributos com peso médioA_w esteja em G4.,A_w deve satisfazer$(AM_w \preceq A_w \prec H_w)$; e
   G5. representa o grupo mais poderoso, para que um conjunto de atributos com peso médio A_w esteja em G5.,A_w deve satisfazer ;$(H_w \preceq A_w \preceq max_w)$
3. **Função/nível de sensibilidade esperado,** com base na classificação do peso médio definido, deve haver uma função/nível de sensibilidade específico que deve ser atribuído a cada conjunto de atributos.
4. **União dos conjuntos de atributos,** este item só está relacionado com os atributos do utilizador, porque ao utilizador podem ser atribuídas múltiplas funções, mas ao objeto só é atribuído um nível de sensibilidade. No caso dos utilizadores, podem

ser-lhe atribuídos vários conjuntos de atributos, pelo que o utilizador é atribuído às funções associadas a esses conjuntos de atributos.

Assim, as regras de atributo $(AR = \{\{UR\}, \{OR\}\})$ podem ser resumidas da seguinte forma segue:

5. Regras do utilizador (*UR*) - é um conjunto de alguns conjuntos de atributos do utilizador, em que a cada conjunto de atributos do utilizador é atribuído internamente um grupo de classificação da Figura 3.1, podendo depois ser atribuído a um utilizador: $UR = \{\{ur_1\}, \cdots, \{ur_n\}\} | ur_i = \{A_1, \cdots A_i\} \subset UA$. UR reflecte internamente o grupo de classificação de peso médio associado e, por conseguinte, a função associada a cada conjunto de atributos do utilizador uri.

6. Regras-objeto (*OU*) - é um conjunto de alguns conjuntos de atributos de objectos, em que a cada conjunto de atributos de objectos é atribuído internamente um grupo de classificação da Figura 3.1, podendo depois ser atribuído a um objeto: $OR = \{\{or_1\}, \cdots, \{or_n\}\} | or_j = \{A_1', \cdots A_j'\} \subset OA$. *A OU* reflecte internamente o grupo de classificação de peso médio associado e, por conseguinte, o nível de sensibilidade associado a cada conjunto de atributos de objeto ou_i.

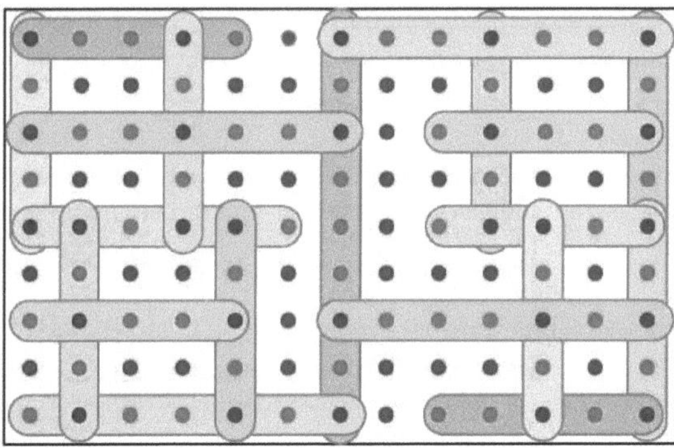

Figura 3.2 Um exemplo simples dos conjuntos de atributos utilizador/objeto no modelo proposto (regras-utilizador/regras-objeto).

Um exemplo simples para os conjuntos de atributos de utilizador/objeto é apresentado na Figura 3.2, onde a figura ilustra que existem alguns atributos não utilizados, partilhados e não partilhados entre diferentes conjuntos. Os atributos não utilizados têm peso zero (pontos vermelhos), como é o caso do atributo Notas. Os atributos partilhados entre vários conjuntos (pontos azuis) representam os atributos comuns, como ID ou ProjectID. Os atributos utilizados mas não partilhados (pontos de cor verde) representam os atributos mais importantes para esse conjunto e podem controlar o peso global desse conjunto, como os atributos HeadManager ou DepManager. Cada conjunto de atributos herda o seu poder dos atributos possuídos, que são reflectidos pelo peso médio do conjunto e depois pelo grupo de classificação atribuído da Figura 3.1.

A regra de atributos pode estabelecer um acordo sobre um tipo de atributos utilizados e também o número de atributos que podem representar cada função/nível de sensibilidade, e tomar decisões de acesso com base nos atributos possuídos tanto para utilizadores como para objectos, de acordo com o poder da função para os utilizadores e o nível de sensibilidade para os objectos.

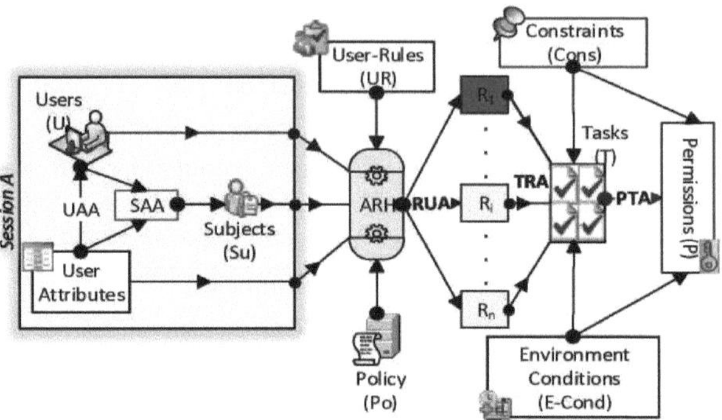

Figura 3.3 O modelo de controlo de acesso baseado em atributos e regras (*AR - ABAC*) do lado dos utilizadores e dos sujeitos.

3.1.2 Atribuição e facilidade de privilégios

Os processos de atribuição de funções, tarefas e permissões baseiam-se na Hierarquia Atributo-Role (*ARH*) - $ARH \subset R \times R$ é uma ordem parcial em *R* designada por hierarquia de funções ou relação de poder das funções, escrita como $\preceq$. Baseia-se nas regras do utilizador (*U R*) e também em algumas funções de atribuição:

- Atribuição de funções ao utilizador (*RU A*) - é uma função utilizada para atribuir a cada utilizador um conjunto de funções, com base nos atributos possuídos pelo utilizador e nas regras do utilizador (UR): $\forall u_i \in U \rightarrow \exists\{r_i\} \subseteq$ R que podem ser atribuídas a u_i.
- Atribuição de funções de tarefa (*T RA*) - é uma função utilizada para atribuir a cada função um conjunto de tarefas, com base nas regras do utilizador (UR): $\forall r_i \in R \rightarrow \exists\{t_i\} \subseteq T$ que podem ser atribuídas a cada *função*. $\in \{r_i\}$.

Atribuição de permissões a tarefas (*PTA*) - é uma função utilizada para atribuir a cada tarefa um conjunto de permissões, com base nas regras de utilizador (*U R*) e nas regras de objeto (OR): $\forall t_i \in T \rightarrow \exists\{p_i\} \subseteq$ P que podem ser atribuídas a cada tarefa $t_i \in \{t_i\}$.

É de referir que a atribuição de funções ao utilizador (*RU A*), a atribuição de funções à tarefa (*T RA*) e a atribuição de permissões à tarefa (*PTA*) são efectuadas interna e dinamicamente utilizando outros factores de ajuda (regras do utilizador (*UR*), política (*P o*), restrições (*Cons*) e condições do ambiente (*E - Cond*)) sem a interferência do utilizador ou do administrador, pelo que é muito rápida e a possibilidade de erro parece ser nula, como mostra a Figura 3.3. Onde as regras do utilizador (*UR*) são conjuntos de atributos do utilizador, tal como definido na subsecção 3.1.1, e as restrições (*Cons*) representam um conjunto de regras que regulam e gerem as relações entre diferentes entidades no mesmo local, tal como indicado na subsecção 3.1.2. Também a política (*Po*) representa as regras ou relações que determinam se um acesso solicitado deve ser permitido ou não. Por último, as condições ambientais (*E - Cond*) representam o contexto operacional/situacional em que ocorrem os pedidos de acesso, tal como definido na secção **?**

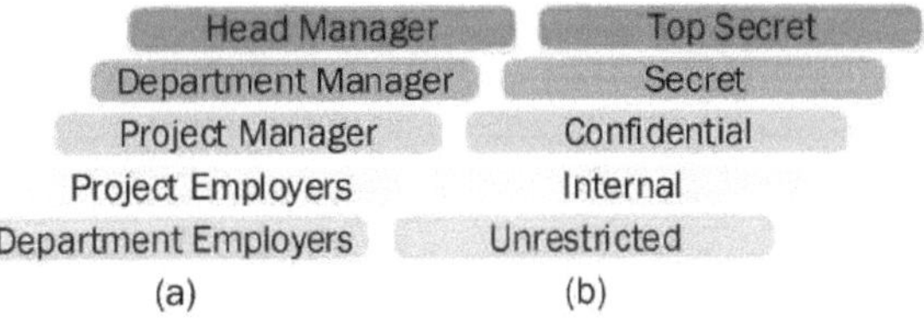

Figura 3.4 Um exemplo simples de: (a) As funções de uma organização e o seu nível de poder, e (b) Os níveis de sensibilidade dos objectos e o seu secretismo.

A Figura 3.4(a) apresenta um exemplo simples de funções numa organização. A figura ilustra cinco funções diferentes e o seu poder aumenta de baixo para cima.

Restrições para funções adicionais

As restrições são um aspeto importante do controlo de acesso baseado em funções (RBAC) e são frequentemente consideradas como uma das principais motivações subjacentes ao RBAC. O conceito de restrições é amplamente descrito em [1,2]. É possível distinguir diferentes tipos de restrições (estáticas ou dinâmicas) que podem ser associadas aos elementos do modelo. O modelo proposto suporta o conceito de função como o RBAC, mas as funções são atribuídas com base nos atributos possuídos. Na computação em nuvem, as restrições podem representar um conjunto de requisitos básicos para qualquer modelo de controlo de acesso a aplicar. É de referir que as restrições dependem das condições ambientais, como o nível de ameaça atual ou o tempo de autenticação.

Por exemplo, as restrições podem restringir o utilizador a um conjunto de permissões que não tenham uma permissão absoluta. Se um utilizador tiver permissão para parar a máquina virtual (VM), então esse utilizador pode parar qualquer VM, o que será muito prejudicial. O objetivo das restrições é limitar o utilizador a parar um conjunto específico de VMs, embora o utilizador tenha uma permissão geral para o fazer. O modelo proposto suporta um conjunto de restrições (*Cons*) que podem ser utilizadas em diferentes situações, como se segue:

- Mínimo de permissões (*LoP*): É a capacidade de conceder aos sujeitos as únicas permissões necessárias *p* para realizar a sua tarefa *t*, mesmo quando o sujeito tem mais permissões do que as necessariamente necessárias para realizar as tarefas: $\forall u_i \in U \rightarrow \{r_1, \cdots, r_n\}, \forall r \in R \rightarrow \{t_1, \cdots, t_n\}$ and $\forall t \in T \rightarrow \{p_1, \cdots, p_n\}$. u_i atribui r_i que utiliza t_i. E t_i só precisa de *p* para cumprir a sua tarefa, embora tenha mais permissões.
- Delegação de capacidades (*DoC*): Para maior flexibilidade e para ter uma gestão dinâmica de objectos no ambiente de nuvem, a delegação de tarefas é suportada. No entanto, só pode ocorrer entre dois utilizadores/sujeitos que tenham funções equivalentes e trabalhem na mesma área: se $\exists u_i, u_j \in U; r_r \in R$ e *a* u_i é atribuída uma tarefa $t_x \in r_x$ mas não a consegue terminar, então o administrador pode delegar t_x to $u_j \leftrightarrow u_i, u_j \in r_x$ e no mesmo local.
- Separação de Funções (*SoD*): É basicamente definida em [2]. O seu objetivo é dividir as tarefas e as permissões associadas às funções, de modo a evitar que seja concedida demasiada autoridade a um único utilizador. Também evita o conflito de papéis e interesses. O SoD dinâmico é suportado no modelo proposto, tanto para tarefas como para funções: se $\exists u_i \in U; r_i, r_j \in R; t_i, t_j \in T | r_i \neq r_j$ e t_i / t_j, , então u_i pode ativar r_i e $r_j \leftrightarrow r_i \cap r_j = \phi$ e se $r_{(i)\,for}$ atribuído a u_i; u_i pode ativar t_i e $t_j \leftrightarrow t_i \cap t_j = \phi$.
- Sincronização e partilha de ficheiros (*FSS*): Estes dois serviços introduzem novas funcionalidades para a solução de partilha de ficheiros empresariais para

colaboração e armazenamento online:

- Sincronização de ficheiros: É um novo mecanismo de cópia de segurança online para sincronizar dados em vários dispositivos, como computadores pessoais, tablets ou smartphones, bem como para colaboração e trabalho com equipas.
- Partilha de ficheiros: Permite aos utilizadores não só aceder a ficheiros em qualquer lugar, a qualquer hora e a partir de uma variedade de dispositivos terminais, mas também editar os ficheiros em conjunto.

Cada uma das restrições suportadas representa um dos requisitos básicos do modelo de controlo de acesso à computação em nuvem.

Objectos e níveis de sensibilidade

Para a segurança e a privacidade dos objectos, é necessário que os fornecedores de serviços de computação em nuvem definam vários níveis de sensibilidade das informações para restringir quem pode ler e modificar as informações na nuvem. Um exemplo simples do nível de sensibilidade de um objeto e do seu sigilo é apresentado na Figura 3.4(b), onde a figura ilustra cinco níveis de sensibilidade e os seus níveis de sigilo aumentam de baixo para cima.

No modelo proposto, a cada objeto$(o \in O)$ pode ser atribuído um conjunto de objectos

atributos que representam o seu nível de sensibilidade:

$\forall o_i \in O \rightarrow \exists$ a conjunto finito de atributos de objectos$(o_j A \subseteq OA)$, em que os processos de classificação e atribuição dos níveis de atividade são definidos do seguinte modo

- Níveis de sensibilidade (*SL*) - é uma função utilizada para atribuir a cada objeto um único nível de sensibilidade a partir de um conjunto de níveis de sensibilidade de segurança, com base nas regras-objeto (*OR*), no modelo de política proposto e nas condições ambientais (*E - Cond*), restringindo em seguida o acesso dos objectos de acordo com o seu nível de sensibilidade: $\forall o_i \in O \rightarrow \exists$ a sensitivity level $senl_i \in$ *SenL* that can ser atribuído a o_i.

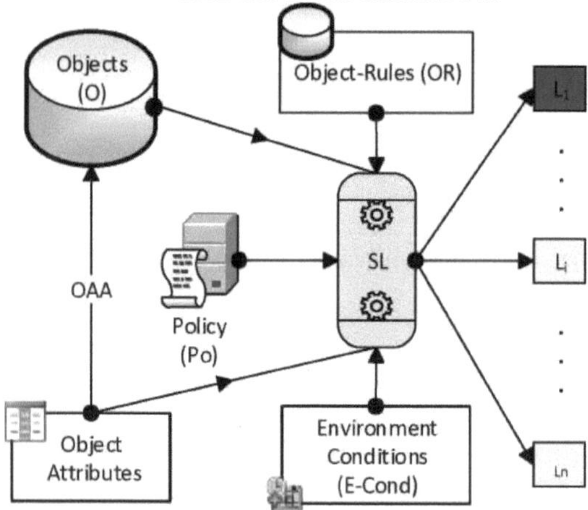

Figura 3.5: O modelo de controlo de acesso baseado em atributos (*AR - ABAC*) do lado dos objectos.

- Atribuição de atributos de objectos (*OAA*) - é uma função utilizada para atribuir o nome do atributo e os pares de valores para cada objeto, com base em *OR*: $\forall o_i \in O \rightarrow \exists$ um ou mais $or_i \in OR$ que podem ser atribuídos a o_i.

Finalmente, o AR-ABAC também é suficientemente escalável para lidar com um grande número de objectos, classificando-os através da função de níveis de sensibilidade (*SL*), que pode classificar os objectos em diferentes níveis de sensibilidade num tempo razoável, como mostra a Figura 3.5. A figura ilustra a função de níveis de sensibilidade que toma como entrada um objeto, bem como os seus atributos, e outros factores de ajuda, como as regras do objeto, as políticas e as condições ambientais. O seu resultado é representado por um nível de sensibilidade (da Figura 3.4) atribuído a esse objeto.

3.2 Soluções sugeridas para diferentes ataques a SDN

Para demonstrar a relativa facilidade de lançar ataques contra três controladores SDN comumente usados -ODL, Floodlight e POX. Os autores também descrevem o seu objetivo de detetar com sucesso cada um dos ataques.

Parte atacada	Nome do ataque	OpenDaylight	FloodLight	POX
Topologia de rede	Envenenamento por ARP	X	X	X
Topologia de rede	Topologia falsa	X	X	*
Encaminhamento do plano de dados	DoS do controlador	X	*	*X*
Encaminhamento do plano de dados	DoS de rede	X	X	*X*

X - Vulnerável e * - Invulnerável.

Tabela 3.1: Comparação da vulnerabilidade do controlador considerado.

A Tabela 3.1 apresenta os resultados da vulnerabilidade do controlador para os ataques considerados neste livro. Indica que os controladores populares são vulneráveis e podem ser facilmente explorados. As vulnerabilidades descritas aqui afligem as SDNs em geral e não são específicas de um controlador em particular.

3.2.1 Ataques à topologia da rede

Ataque de envenenamento ARP

Em geral, um ataque de envenenamento ocorre quando uma parte maliciosa se faz passar por outro dispositivo ou utilizador numa rede para lançar ataques contra anfitriões da rede, roubar dados, espalhar malware ou contornar controlos de acesso. Existem vários tipos diferentes de ataques de falsificação que as partes maliciosas podem utilizar para o conseguir.

Os anfitriões comprometidos podem falsificar anfitriões físicos forjando pedidos ARP, ou seja, envenenamento ARP, enganando o controlador para que este instale regras de fluxo maliciosas para desviar fluxos de tráfego, possivelmente para espionagem, permitindo assim que um anfitrião malicioso intercepte o tráfego destinado a outro anfitrião. Os anfitriões maliciosos, juntamente com um cúmplice, também podem iniciar fluxos arbitrários para enganar o comutador e o controlador, levando-os a instalar regras de fluxo que criam loops ou buracos negros na rede ou a montar um ataque de emenda de IP. Os autores implementaram o ataque utilizando uma topologia de três anfitriões ligados a um comutador, um anfitrião malicioso A e dois anfitriões benignos B e C. O ataque envolve o envio de pedidos ARP falsificados "Quem tem B, diga a C mas com o endereço MAC de A". Estes pedidos ARP maliciosos são retransmitidos como mensagens PACKET_IN para o controlador e acabam por corromper a cache ARP de B juntamente com a visão do controlador da topologia, que encaminha o tráfego de B (destinado a C) para A. O objetivo dos autores é detetar e mitigar este tipo de ataque para os três controladores considerados, instalando a entrada de fluxo apropriada no comutador que pode impedir este ataque. **O ambiente:** O ataque de envenenamento ARP é iniciado com base numa topologia linear de três comutadores.

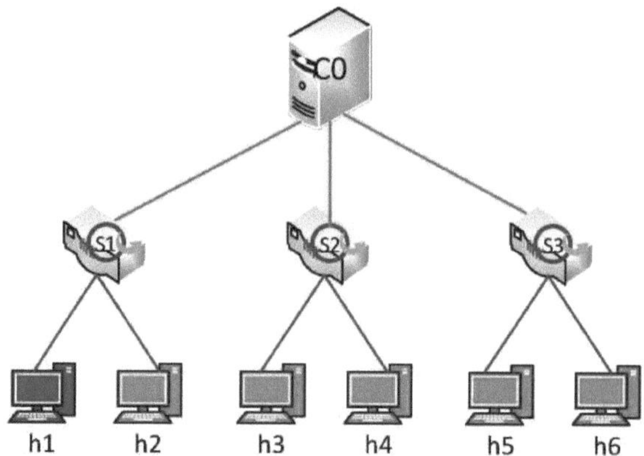

Figura 3.6: A topologia de envenenamento ARP, baseada no controlador OpenDaylight.

A Figura 3.6 mostra a topologia de envenenamento ARP em que h1 é considerado um atacante que falsifica os endereços IP e MAC do host h2 e do host h5. Durante o ataque, a conetividade entre os dois hosts (h2 e h5) é perdida porque os endereços foram falsificados pelo atacante (h1). Além disso, o atacante deixa que as respostas de h2 e h5 entre si cheguem ao atacante e não ao destino. Depois de o ataque ser interrompido com o hard time out, a entrada de fluxo instalada no switch s1 será eliminada automaticamente, devido à sua expiração. Assim, o objetivo dos autores é detetar o ataque de ARP spoofing e instalar uma nova entrada de fluxo no comutador com prioridade elevada para eliminar os pacotes de ataque enviados por h1.

A solução sugerida: Para detetar este tipo de ataque, deve ser construído um gráfico de fluxo que mantenha e actualize as ligações MAC-IP para todos os anfitriões na rede, juntamente com uma lista de possíveis portas de comutação em que possam estar localizados. Onde extrai estes metadados quando chega um PACKET_IN. Se, durante um PACKET_IN, for observado qualquer desvio em relação a estas ligações permitidas, o modelo tem de o distinguir e dá um alarme. O envenenamento por ARP também pode ser detectado utilizando políticas personalizadas escritas e instaladas no comutador.

Ataque de topologia falsa

Os autores implementam a variante do ataque baseada no anfitrião, em que um único anfitrião malicioso tenta criar uma ligação de rede falsa, utilizando uma topologia linear de três comutadores X, Y e Z, com o servidor A ligado ao comutador X e o servidor B ligado ao comutador Z. O servidor A envia um pacote LLDP malicioso, fazendo crer que provém do comutador Z. O ataque cria uma falsa extremidade unidirecional de Z para X na perspetiva do controlador, o que resulta num novo cálculo dos caminhos de encaminhamento. Após a adição da borda falsa, as respostas PING de B não chegarão a A (para os pedidos PING correspondentes de A para B). O objetivo dos autores é detetar e mitigar este tipo de ataque para os três controladores considerados, instalando a entrada de fluxo apropriada no comutador que pode impedir o ataque de topologia falsa.

A solução sugerida: O modelo de segurança tem de extrair os metadados das mensagens PACKET_IN e FEATURES_REPLY para construir um gráfico de fluxo que aprende e mantém uma visão da topologia com todas as portas activas por comutador. Estes metadados são validados com base em invariantes como a bidireccionalidade de um extremo da rede entre comutadores e a presença de apenas um vizinho por porta ativa num comutador. Assim, a invariante host-switch-port garante que nenhuma borda falsa seja adicionada à rede. A falsificação de LLDP também pode ser detectada usando políticas personalizadas escritas e instaladas no switch.

3.2.2 Ataques ao encaminhamento do plano de dados

Neste ponto, os autores centrar-se-ão nos ataques de negação de serviço (DoS). O ataque DoS é uma tentativa de tornar uma máquina ou um recurso de rede indisponível para os seus utilizadores previstos. Pode tratar-se de recursos de CPU [52], mas envolve frequentemente esforços para interromper ou suspender temporária ou indefinidamente os serviços de um anfitrião ligado à Internet. Uma negação de serviço distribuída (DDoS) é quando o tráfego de entrada provém de mais de um - e muitas vezes milhares - de IPs únicos, quer de botnets quer através de vários tipos de ataques de reflexão.

Um ataque bem sucedido pode tirar partido de alguma propriedade do sistema operativo ou das aplicações no sistema da vítima que permita a um ataque consumir muito mais recursos da vítima do que do atacante. Normalmente, o atacante tem de controlar um computador com maior poder de computação ou largura de banda de rede do que o alvo - ou controlar um maior número de computadores, utilizando-os para atacar como um grupo. Um ataque DoS é caracterizado por uma tentativa explícita dos atacantes de impedir que os utilizadores legítimos de um serviço o utilizem. Existem duas formas gerais de ataques DoS: os que provocam falhas nos serviços e os que inundam os serviços. Os ataques mais graves são distribuídos [63] e, em muitos ou na maioria dos casos, envolvem a falsificação de endereços IP de remetentes (IP address spoofing), de modo que a localização das máquinas atacantes não pode ser facilmente identificada, nem a filtragem pode ser feita com base no endereço de origem.

Ataque DoS do controlador:

O OpenFlow exige que os comutadores enviem pacotes completos para o controlador se as filas de entrada estiverem cheias. Este tipo de inundação do plano de controlo pode aumentar significativamente a carga computacional do controlador e até mesmo levá-lo ao colapso. Os autores testarão este facto utilizando o Cbench [10] para inundar o controlador com um elevado número de mensagens PACKET_IN para a instalação de novos fluxos, dificultando assim o funcionamento normal do controlador SDN. O objetivo dos autores é detetar e mitigar este tipo de ataque para os três controladores considerados, instalando a entrada de fluxo apropriada no switch que pode impedir este ataque.

Solução sugerida: O modelo de segurança tem de detetar ataques DoS do plano de controlo no controlador SDN, observando os metadados ao nível do fluxo para calcular a taxa de mensagens PACKET_IN. Ele dispara um alarme se essa taxa de transferência estiver acima do limite especificado pelo administrador.

Ataque DoS de rede:

Os autores testarão os três controladores para DoS de rede instalando regras personalizadas em dois comutadores virtuais abertos na topologia dos autores, para direcionar o tráfego para um loop e, assim, ampliar um fluxo de 1 Mbps entre pontos de extremidade especificados, de modo que ele sufoque completamente um link de 1 Gbps. Uma sessão iperf entre hosts arbitrários através da ligação estrangulada produziu uma largura de banda de apenas 400 Kbps. O objetivo dos autores é detetar e mitigar este tipo de ataque para os três controladores considerados, instalando as entradas de fluxo apropriadas no comutador que podem impedir este ataque, no tempo mais próximo.

A solução sugerida: Para cada fluxo, o modelo de segurança atualiza periodicamente o gráfico de fluxo com estatísticas de bytes relatadas pelos comutadores no caminho do fluxo e valida essa consistência de bytes com o comportamento pretendido monitorando as mensagens FLOW_MOD.

Capítulo 4

Ambientes de teste e resultados

"Sorria, as coisas estão a correr bem. Talvez não o vejas agora, mas confia que Deus te está a encaminhar para uma felicidade muito maior."

- Autor desconhecido, *Citações inspiradoras*

4.1 Ambiente de computação em nuvem OpenStack

O ambiente de computação em nuvem é implementado com base no OpenStack. O OpenStack é uma solução de código aberto para criar e gerir infra-estruturas de computação em nuvem [43]. O OpenStack controla grandes conjuntos de recursos de computação, armazenamento e rede em todo um centro de dados, geridos através de um painel de controlo ou através da API OpenStack. O OpenStack funciona com tecnologias empresariais e de código aberto populares, o que o torna ideal para infra-estruturas heterogéneas.

Os autores já construíram um ambiente de nuvem privada (IP: 222.28.78.244) baseado na proeminente plataforma IaaS OpenStack, como mostra a Figura 4.1.

Nesta figura, o OpenStack está instalado em três máquinas físicas. Os autores instalam um nó de controlo, um nó de rede e um nó de computação. A configuração do nó controlador e do nó de rede é: 48 núcleos de CPU, 128 GB de RAM e 5 TB de disco e a configuração do nó de computação Nova é: 24 núcleos de CPU, 128 GB de RAM e 2 TB de disco. Existem quatro redes nesta instalação: (i) VLAN: 10.0.10.0/24 é a rede de gerenciamento que conecta diferentes componentes do OpenStack; (ii) VLAN: 172.16.10.0/24 é a rede de túneis de instância que conecta os nós de Rede e Compute1; (iii) A rede VM Internet Access (10.0.10.101: 10.0.10.200) que liga as máquinas virtuais à Internet; e (iv) A interface de rede eth0 do nó Controller mostra o acesso à Internet que só é acessível pelo nó Controller, enquanto os nós Network e Compute podem ligar-se à Internet através da interface de rede eth1 do nó Controller. Finalmente, a interface de rede

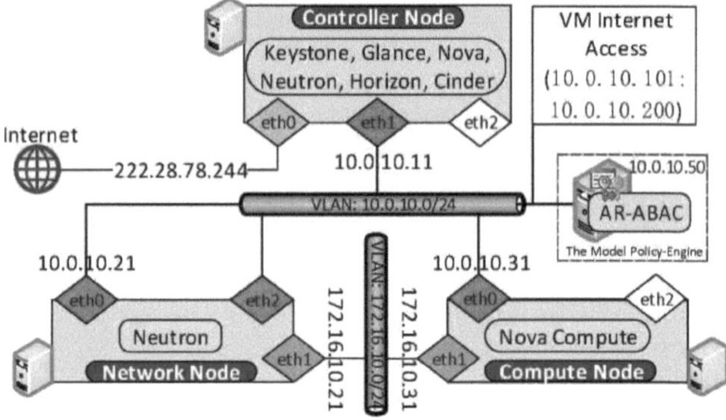

Figura 4.1: Instalação do OpenStack em três máquinas físicas e o motor de políticas AR-ABAC proposto numa máquina separada Os autores implementam o motor de políticas AR-ABAC numa máquina virtual separada que tem CPU dual core, 4 GB de RAM e 20 GB de disco.

4.1.1 Verificação experimental

A fim de verificar o modelo (AR-ABAC) na nuvem IaaS. O serviço IaaS na nuvem é representado pelo servidor de base de dados, pelo servidor de correio eletrónico e pelo servidor de VM, bem como por um conjunto de máquinas virtuais.

Este modelo pode ter um impacto considerável no controlo do acesso à IaaS. As políticas de acesso AR-ABAC definem funções e tarefas necessárias para cada função. A cada tarefa são atribuídas as permissões necessárias para realizar o seu trabalho. O AR-

ABAC pode restringir o acesso à nuvem IaaS de quatro formas diferentes:

- Cada objeto pode ter o seu próprio nível de sensibilidade. Assim, qualquer tarefa que tente aceder a esse objeto tem de ter potência suficiente para igualar ou dominar o nível de sensibilidade do objeto a aceder.
- Ao restringir o acesso a um conjunto de funções definidas. Assim, o objeto não tem um nível de sensibilidade e pode ser acedido pelos membros das funções definidas.
- Dando acesso ao objeto de acordo com as tarefas. Assim, o objeto não tem um nível de sensibilidade e só pode ser acedido pelas tarefas definidas.

- A forma mais fácil é ignorar o nível de sensibilidade do objeto e permitir o acesso a qualquer utilizador autenticado.

É de referir que o modelo não tem restrições quanto às formas que podem ser apoiadas.

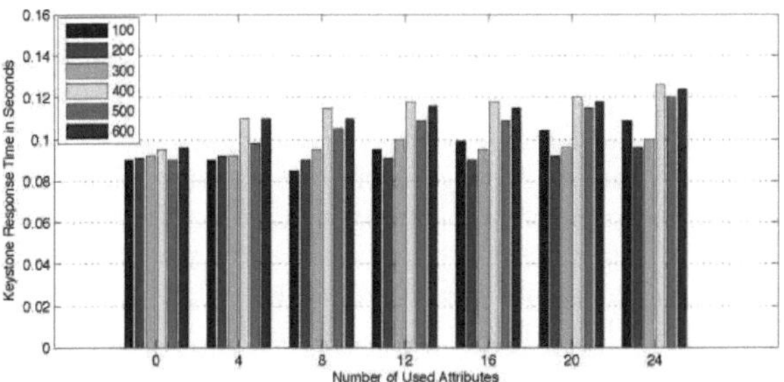

Figura 4.2: O tempo médio para a geração de tokens no Keystone OpenStack, incluindo e excluindo os atributos do utilizador.

Finalmente, os autores já completaram a integração do AR-ABAC com os serviços Keystone e Nova do OpenStack, onde os resultados são representados em duas partes:

- **Primeira parte:** Representa o tempo gasto na geração de token (uma credencial de usuário assinada) no OpenStack, com e sem atributos de usuário adicionais, como mostrado na Fig. 4.2, onde se inclui atributos de usuário no token ao invés das informações de função. Esta parte requer um tempo maior para a geração do token. A figura ilustra o tempo de resposta para a geração de tokens usando diferentes números de atributos (0, 4, 8, 12, 16, 20 e 24), onde zero atributos significa que o estado original do OpenStack (apenas o atributo de função), enviando solicitações simultâneas (100, 200, 300, 400, 500 e 600) ao keystone e medindo o tempo médio de resposta no lado do cliente. Os resultados mostram que: **(i)** para o mesmo pedido concorrente, o tempo médio de geração do token aumenta de acordo com o número de atributos utilizados; **(ii)** a assinatura e a transmissão do keystone demoram mais tempo a terminar, mas o aumento não é significativo (cerca de 25% com o aumento do número de atributos de 0 para 24.); **(iii)** finalmente, devido ao mecanismo de agendamento interno do keystone, com o mesmo número de atributos, o tempo não aumenta com os pedidos concorrentes.
- **Segunda parte:** Representa o tempo gasto pelo serviço Nova na comunicação com a máquina AR-ABAC Policy-Engine, como mostra a Figura 4.3. O

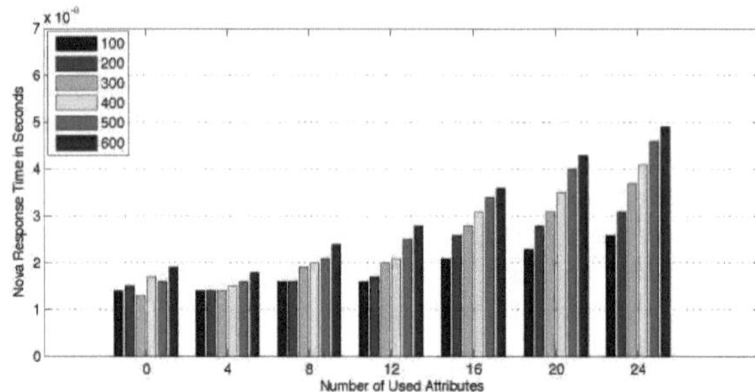

Figura 4.3: O tempo médio para a Nova comunicar com a máquina AR-ABAC PolicyEngine, incluindo e excluindo os atributos do utilizador.

A figura ilustra a latência da rede na comunicação com o AR-ABAC Policy-Engine utilizando diferentes números de atributos (0, 4, 8, 12, 16, 20 e 24), através do envio de pedidos simultâneos (100, 200, 300, 400, 500 e 600) do serviço Nova para a máquina AR-ABAC Policy-Engine. Os resultados mostram que: **(i)** a latência aumenta com o aumento do número de pedidos concorrentes para o mesmo número de atributos utilizados; **(ii)** o tempo de espera para obter uma decisão de política torna-se maior, uma vez que há demasiados pedidos que têm de ser avaliados; **(iii)** finalmente, utilizando 24 atributos, o tempo médio para 600 pedidos concorrentes é cerca de 1,8 vezes o tempo de 100 pedidos concorrentes. Enquanto que para zero atributos, o tempo para 600 pedidos simultâneos é cerca de 1,3 vezes o tempo para 100 pedidos simultâneos.

4.1.2 Análise de validação

Para validar o modelo proposto, os autores têm de o comparar com os modelos de controlo de acesso convencionais e mais recentes propostos para a computação em nuvem. A comparação baseia-se num conjunto de caraterísticas de segurança que representam os requisitos básicos para um modelo de controlo de acesso à computação em nuvem e que o AR-ABAC ou outros modelos podem suportar, como mostra a Tabela 4.1. Cada caraterística pode ser motivada e suportada pelo AR-ABAC ou por outros modelos da seguinte forma:

- **Escalabilidade:** O AR-ABAC é suficientemente escalável para lidar com um grande número de utilizadores e também de administradores. Utilizando os princípios de função e tarefa, que podem classificar os utilizadores num conjunto de funções, cada uma com o seu próprio poder de aceder a diferentes objectos com base na sensibilidade dos mesmos.

		Modelos actuais de controlo de acesso												
Não.	Requisitos de controlo de acesso	MAC [6]	DAC [34]	RBAC [49]	R-BAC [8]	iVang et al. [59]	CoRBAC [56]	O-RBAC [57]	ARBAC [38]	T-RBAC [39]	Sun et al. [55]	ABAC [3]	AC3 [62]	AR-ABAC
1.	Escalabilidade	*1*	*1*	*X*	-	*X*	*X*	*X*	*X*	*X*	*X*	-	*X*	*X*

2.	Heterogeneidade	*1*	*1*	*1*	*X*	*1*	*1*	*1*	*1*	*X*	*X*	*1*	*X*	*X*
3.	Auditoria	*X*	*X*	*X*	*X*	*X*	*X*	*X*	*X*	*X*	*X*	*X*	*X*	*X*
4.	Atribuir e facilitar os privilégios	*1*	*1*	*1*	*1*	*X*	*1*	*1*	*1*	*1*	*1*	*1*	*1*	*X*
5.	Flexibilidade na gestão dos atributos	*1*	*1*	*1*	*1*	*1*	*1*	*1*	*1*	*1*	*1*	*1*	*1*	*X*
6.	Menos permissões	*1*	*1*	*X*	*X*	*X*	*X*	*X*	*X*	*X*	*X*	*X*	*X*	*X*
7.	Delegação de capacidades	*1*	*X*	*1*	*1*	*1*	*X*	*1*	*1*	*1*	*1*	*1*	*X*	*X*
8.	Separação de funções	*1*	*1*	*X*	-	*X*	*X*	*X*	*X*	*X*	*X*	*X*	*X*	*X*
9.	Sincronização e partilha de ficheiros	*1*	*1*	*1*	*1*	*1*	*1*	*1*	*1*	*1*	*1*	*1*	*1*	*X*
10.	Gestão de políticas	*1*	*1*	*1*	*X*	*1*	*1*	*X*	*1*	*1*	*1*	*1*	*X*	*X*

X - Suportado, *i* - Não suportado, e - - Não aplicável.

Tabela 4.1: AR-ABAC em comparação com os modelos de controlo de acesso actuais.

nível de atividade. Existe apenas uma abordagem [39] que utiliza ambos os princípios, mas não menciona a forma como a escalabilidade do administrador pode ser assegurada, e também se baseia no modelo RBAC. No que diz respeito aos objectos, o AR-ABAC também é suficientemente escalável para lidar com um grande número de objectos, classificando-os com base na função de níveis de sensibilidade (*SL*), que pode classificar os objectos em diferentes níveis de sensibilidade.

- **Heterogeneidade:** Uma vez que os serviços de computação em nuvem são fornecidos por um grande número de tecnologias e mecanismos diversos, o que pode causar ameaças de heterogeneidade [14]. Por conseguinte, a heterogeneidade na computação em nuvem pode resultar de diferenças a vários níveis, tanto a nível de software como de hardware. A heterogeneidade também pode ocorrer devido a diferentes tipos de mecanismos, domínios e políticas utilizados. A política (*Po*) no AR-ABAC, que representa as relações de dominância de atributos, pode lidar com a heterogeneidade causada pelas políticas de segurança. É de notar que Sun et al. [55] utilizaram o princípio da ontologia para lidar com a questão da heterogeneidade.
- **Auditoria:** Para proteger a computação em nuvem e os sistemas de controlo de acesso nela utilizados. Nos sistemas de controlo de acesso, a auditoria tem de monitorizar o estado atual de um sistema, registar qualquer falha na formulação de uma decisão e comunicar qualquer tentativa de violação da política de acesso ou de alteração de privilégios. Além disso, tem de acompanhar e manter registos sobre as capacidades concedidas aos sujeitos e qualquer

alteração aplicada aos objectos, como renomear, copiar e apagar. O AR-ABAC baseia-se no atributo-poder tanto para os utilizadores/sujeitos como para os objectos, pelo que qualquer alteração de qualquer valor dos atributos do sujeito será registada, uma vez que alterará as capacidades do sujeito. O mesmo acontece com os objectos: qualquer alteração de qualquer valor dos atributos do objeto será registada e alterará o nível de sensibilidade do objeto. Assim, os autores podem considerá-la como uma auditoria dinâmica.

- **Atribuir e facilitar os privilégios:** Sempre que seja necessário um pequeno número de passos para atribuir ou aliviar privilégios, é possível reduzir o número de erros devidos a erros humanos ou do sistema. No AR-ABAC, a atribuição de funções ao utilizador (RUA), a atribuição de funções à tarefa (TRA) e a atribuição de permissões à tarefa (PTA) são feitas interna e dinamicamente, utilizando outros factores de ajuda sem a interferência do utilizador ou do administrador, pelo que é muito rápido e a possibilidade de erro parece ser nula.
- **Flexibilidade na gestão dos atributos:** Chegar a um acordo sobre que tipo de atributos devem ser utilizados e quantos atributos devem ser tidos em conta para tomar decisões de acesso é uma tarefa complexa [28]. O AR-ABAC resolve este problema utilizando o atributo-poder, como se mostra na Fig. 3.2, Tabela. ??, e Tabela. ??.
- **Gestão de políticas:** O AR-ABAC suporta uma política (*Po*) que representa um conjunto de relações de ordenação parcial em todos os atributos de utilizadores e objectos, designadas por hierarquias de atributos ou relações de dominância de atributos. Pode regular e organizar as relações entre os utilizadores.
- **Enquanto:** O mínimo de permissões (*LoP*), a delegação de capacidades (*DoC*), a separação de tarefas (*SoD*) e a sincronização e partilha de ficheiros (*FSS*) são descritos na subsecção 3.1.2.

Existem também algumas preocupações importantes para o modelo de controlo de acesso à computação em nuvem, que devem ser tidas em conta, tais como

- É provável que os prestadores de serviços e os utilizadores se encontrem em domínios de segurança diferentes.
- Os comportamentos dinâmicos e aleatórios dos utilizadores são uma grande preocupação e um desafio para os criadores de sistemas de controlo de acesso, uma vez que os utilizadores não têm restrições de tempo ou de localização.

O sistema proposto, tal como se mostra na Figura 3.3 e na Figura 3.5, pode lidar com as preocupações anteriores utilizando os seguintes conceitos:

- O atributo-poder pode estabelecer um acordo sobre o tipo de atributos a utilizar, o número de atributos considerados para tomar decisões de acesso e a sequência completa de passos. Com base nos atributos possuídos, tanto para os utilizadores como para os objectos, de acordo com o poder da função para os utilizadores e o nível de sensibilidade para os objectos.

- A tarefa é outra função utilizada no AR-ABAC para restringir as permissões e o acesso atribuídos às funções. A cada utilizador do sistema é atribuída uma função; às funções são atribuídas tarefas que têm permissões e a tarefa herda o seu poder de acesso a um objeto da função atribuída. Finalmente, a tarefa pode aceder a um objeto se e só se o seu poder dominar ou for igual ao nível de sensibilidade do objeto.
- Os níveis de sensibilidade são utilizados no modelo proposto para classificar os objectos de acordo com os atributos do objeto, as regras do objeto e as condições do ambiente, como ilustrado na subsecção 3.1.2. Assim, qualquer tarefa ou processo utilizado por uma tarefa precisa de poder suficiente para aceder aos objectos, uma vez que não deve haver acesso a qualquer objeto sem um poder igual ou dominante aos níveis de sensibilidade dos objectos.

4.2 Ambiente de emulação Mininet SDN

O ambiente de emulação SDN é baseado no Mininet [37], um emulador de rede. Ele executa uma coleção de hosts finais, switches, roteadores e links em um único kernel Linux. Ele usa virtualização leve para fazer com que um único sistema pareça uma rede completa, executando o mesmo kernel, sistema e código de usuário. Um host Mininet se comporta como uma máquina real; você pode fazer ssh e executar programas arbitrários (incluindo qualquer coisa que esteja instalada no sistema Linux subjacente). Os programas que você executa podem enviar pacotes através do que parece ser uma interface Ethernet real, com uma determinada velocidade e atraso de link. Os pacotes são processados pelo que parece ser um switch, roteador ou middlebox Ethernet real, com uma determinada quantidade de enfileiramento.

Em suma, os hosts virtuais, switches, links e controladores do Mininet são reais, eles são apenas criados usando software em vez de hardware e, na maioria das vezes, seu comportamento é semelhante a elementos discretos de hardware. Geralmente é possível criar uma rede Mininet que se assemelha a uma rede de hardware, ou uma rede de hardware que se assemelha a uma rede Mininet, e executar o mesmo código binário e aplicações em qualquer plataforma. No resto desta secção, os autores têm de descrever o seu ambiente de nuvem privada, o ambiente de emulação SDN dos autores e as experiências que já realizou, bem como mencionar os próximos passos para estas experiências.

O emulador Mininet está instalado numa máquina virtual Ubuntu 14 (IP: 222.28.78.100), baseada no servidor 222.28.78.242 dos autores. Os controladores POX, FloodLight e OpenDaylight estão instalados na mesma máquina virtual. O controlador POX pode ser executado usando o terminal. Os controladores FloodLight e OpenDaylight podem ser executados usando o terminal ou o eclipse. Depois de executar o controlador, este pode ser ligado à rede, utilizando o IP e o número da porta do controlador. Foram construídas e testadas algumas topologias de rede simples e complexas para os três tipos de controladores.

Conclusão e futuras extensões

"Amanhã será um novo capítulo na minha vida."

- Scottle Waves, *Citações inspiradoras*

Neste livro, os autores propuseram um novo modelo de controlo de acesso para a computação em nuvem baseado no modelo ABAC, suportando regras de atributo, denominado Attribute-Rules ABAC (AR-ABAC). O AR-ABAC pode cumprir um conjunto de requisitos obrigatórios para vários modelos de controlo de acesso que estão a ser implementados na computação em nuvem, especialmente na nuvem IaaS, como se conclui aqui:

- Ao propor uma regra de atributo que pode estabelecer um acordo sobre um tipo de atributos a utilizar e um número de atributos considerados para tomar decisões de acesso, o que representa flexibilidade na gestão de atributos.
- Herança do poder das tarefas, em que cada tarefa herda o seu poder de acesso a um objeto com base nas funções que lhe foram atribuídas.
- A máquina modelo pode utilizar o serviço IaaS de computação em nuvem e fornecer quatro formas diferentes de acesso ao IaaS.

Além disso, os autores forneceram um conjunto de ataques aos ambientes SDN, especialmente aos controladores SDN, e sugeriram um conjunto de soluções para detetar e mitigar estes tipos de ataques num futuro próximo, com base em três controladores diferentes (POX, FloodLight e OpenDaylight)

Os resultados experimentais mostraram que o AR-ABAC é adequado para a nuvem IaaS, onde o tempo médio para a geração de tokens no Keystone, incluindo 24 atributos, aumenta cerca de 25% mais do que incluindo zero atributos.

Por conseguinte, o aumento não é significativo. Além disso, o tempo médio para a comunicação Nova do motor de políticas AR-ABAC aumenta com o aumento do número de atributos, bem como com o aumento do número de pedidos simultâneos com o mesmo número de atributos.

Finalmente, as futuras extensões deste trabalho podem ser em duas direcções. A primeira é integrar o modelo AR-ABAC proposto com o serviço Neutron e outros serviços OpenStack, com base no ambiente real de nuvem privada. A segunda direção é a integração de SDN com o ambiente de computação em nuvem e a proposta de um modelo de controlo de acesso para o novo ambiente de SDN e de nuvem.

Bibliografia

Gail-Joon Ahn. *The RCL 2000 Language for Specifying Role-Based Authorization Constraints (A linguagem RCL 2000 para especificar restrições de autorização baseadas em funções)*. Tese de doutoramento, Fairfax, VA, EUA, 2000.

Gail-Joon Ahn e Ravi S. Sandhu. Role-Based Authorization Constraints Specification (Especificação de restrições de autorização com base em funções). *ACM Transactions on Information and System Security (TISSEC)*, 3(4):207-226, novembro de 2000.

M.A. Al-Kahtani e R. Sandhu. A Model for Attribute-Based UserRole Assignment. Na *18ª Conferência Anual de Aplicações de Segurança Informática, 2002. Proceedings*, páginas 353-362, 2002.

LBNL. Arpwatch. Disponível online: http://ee.lbl.gov. *(acedido em 6 de dezembro de 2015)*.

R. Ausanka-Crues. Métodos de controlo de acesso: Avanços e Limitações. *Harvey Mudd College*, dezembro de 2012.

D. Bell e Len LaPadula. Secure Computer Systems: Mathematical Foundations. *Bedford, MA. Obtido em 04 de fevereiro de 2013, de: Secure computer systems: mathematical foundations; 1973.*

Pat Bosshart, Dan Daly, Glen Gibb, Martin Izzard, Nick McKeown, Jennifer Rexford, Cole Schlesinger, Dan Talayco, Amin Vahdat, George Varghese e David Walker. P4: Programming Protocol-independent Packet Processors (P4: Programação de processadores de pacotes independentes de protocolo). *SIGCOMM Comput. Commun. Rev.*, 44(3):87-95, julho de 2014.

Achim D. Brucker, Lukas Brügger, Paul Kearney e Burkhart Wolffy. An Approach to Modular and Testable Security Models of Real-world Health-care Applications (Uma Abordagem a Modelos de Segurança Modulares e Testáveis de Aplicações de Cuidados de Saúde do Mundo Real). Em *SACMAT'11. Actas do 16.º Simpósio ACM sobre Modelos e Tecnologias de Controlo de Acesso*, páginas 133-142. SACMAT, 2011.

Z. Cai, A.L. Cox, e T.S. Eugene Ng. Maestro: Equilibrando a equidade, a latência e o rendimento no plano de controlo OpenFlow. Na *Universidade Rice - Relatório Técnico*, TX, EUA, 2011.

Cbench. Disponível online: http://www.openflowhub.org/display/ flood-lightcontroller/cbench+(new). *(acedido em 6 de dezembro de 2015)*.

Controlador OpenFlow NodeFLow. Disponível online: https://github.com/gaberger/nodeflow. *(acedido em 6 de dezembro de 2015)*.

Controlador POX. NOXrepo.org. Disponível online: http://www.noxrepo.org. *(acedido em 6 de dezembro de 2015)*.

Trema Controller. Trema: Full-Stack OpenFlow Framework in Ruby and C. Disponível online: http://trema.github.io/trema/. *(acedido em 6 de dezembro de 2015)*.

S. Crago, K. Dunn, P. Eads, L. Hochstein, Dong-In Kang, Mikyung Kang, D. Modium, K. Singh, Jinwoo Suh e J. P. Walters. Computação em nuvem heterogénea. Em *2011 IEEE International Conference on: Cluster Computing (CLUSTER)*, páginas 378-385, setembro de 2011.

Andrew R. Curtis, Jeffrey C. Mogul, Jean Tourrilhes, Praveen Yala- gandula, Puneet Sharma e Sujata Banerjee. DevoFlow: escalando o gerenciamento de fluxo para redes de alto desempenho. *SIGCOMM Com- put. Commun. Rev.*, 41(4):254-265, agosto de 2011.

M. Dhawan, R. Poddar, K. Mahajan e V. Mann. SPHINX: Detectando ataques de segurança em redes definidas por software. Em *Proceedings of 2015 Annual Network and Distributed System Security Symposium (NDSS'15)*, San Diego, CA, EUA, 2015.

Advait Dixit, Fang Hao, Sarit Mukherjee, T.V. Lakshman e Ra- mana Kompella.

Towards an Elastic Distributed SDN Controller. Em *Proceedings of the Second ACM SIGCOMM Workshop on Hot Topics in Software Defined Networking (HotSDN)*, páginas 7-12, Hong Kong, China, 2013.

A. Doria, J. H. Salim, R. Haas, H. Khosravi, W. Wang, R. Gopal e J. Halpern. Especificação do protocolo ForCES (Forwarding and Control Element Separation). RFC 5810 (Norma proposta). Disponível online: https://datatracker.ietf.org/doc/rfc5810/. *(acedido em 6 de dezembro de 2015)*, 2010.

David Erickson. O controlador de fluxo aberto Beacon. Em *Proceedings of the Second ACM SIGCOMM Workshop on Hot Topics in Software Defined Networking*, páginas 13-18, Hong Kong, China, 2013.

N. Feamster, J. Rexford e E. Zegura. The Road to SDN: An Intellectual History of Programmable Networks [O caminho para a SDN: uma história intelectual das redes programáveis]. *ACM SIGCOMM Computer Communication Review*, 44(2):87-98, abril de 2014.

Projeto Floodlight: Software de código aberto para a construção de redes definidas por software. Disponível online: http://www.projectfloodlight.org/floodlight/. *(acedido em 6 de dezembro de 2015).*

Jérôme François, Lautaro Dolberg, Olivier Festor e Thomas Engel. Network Security Through Software Defined Networking (Segurança de rede através de redes definidas por software): A Survey. Em *Proceedings of the Conference on Principles, Systems and Applications of IP Telecommunications*, páginas 1-8, Nova Iorque, NY, EUA, 2014.

Natasha Gude, Teemu Koponen, Justin Pettit, Ben Pfaff, Martín Casado, Nick McKeown e Scott Shenker. NOX: Towards an Operating System for Networks (NOX: Rumo a um sistema operacional para redes). *SIGCOMM Comput. Commun. Rev.*, 38(3):105-110, julho de 2008.

S. Harris. Passaporte de Certificação CISSP(R) de Mike Meyers. *Estados Unidos: McGraw-Hil l*, página 422, 2002.

S. Hong, L. Xu, H. Wang e G. Gu. Envenenando a visibilidade da rede em redes definidas por software: Novos ataques e contramedidas. Em *Proceedings of 2015 Annual Network and Distributed System Security Symposium (NDSS'15)*, San Diego, CA, EUA, 2015.

Vincent C. Hu, David Ferraiolo, Rick Kuhn, Adam Schnitzer, Kenneth Sandlin, Robert Miller e Karen Scarfone. Guide to Attribute Based Access Control (ABAC) Definition and Considerations (Guia para a definição e considerações do controlo de acesso baseado em atributos). Publicação especial 800-162, Departamento de Comércio dos EUA, janeiro de 2014. Instituto Nacional de Normas e Tecnologia.

Inspeção ARP dinâmica. Disponível online: http://www.cisco.com/c/en/us/td/docs/switches/lan/catalyst6500/ios/12-2sx/configuration/guide/ book/dynarp.html. *(acedido em 6 de dezembro de 2015).*

Xin Jin, Ram Krishnan e Ravi Sandhu. *Segurança e privacidade de dados e aplicações XXVI*, volume 7371 de *Lecture Notes in Computer Science*, capítulo A Unified Attribute-Based Access Control Model Covering DAC, MAC and RBAC, páginas 41-55. Springer Berlin Heidelberg, 2012.

A Karp, H Haury e M Davis. De ABAC a ZBAC: A evolução dos modelos de controlo de acesso. *HP Laboratories-2009-30.*

Ahmed Khurshid, Xuan Zou, Wenxuan Zhou, Matthew Caesar e P. Brighten Godfrey. VeriFlow: Verificando invariantes de toda a rede em tempo real. Em *Proceedings of the 10th USENIX Symposium on Networked Systems Design and Implementation (NSDI 13)*, páginas 15-27, Lombard, IL, 2013.

Eddie Kohler, Robert Morris, Benjie Chen, John Jannotti e M. Frans Kaashoek. O roteador modular Click. *ACM Trans. Comput. Syst.*, 18(3):87-95, agosto de 2000.

D. Kreutz, F. M. V. Ramos, e P. Verissimo. Towards Secure and Dependable Software-Defined Networks (Rumo a redes seguras e confiáveis definidas por software). Em *Proceedings of the second ACM SIGCOMM Workshop on Hot Topics in Software Defined Networks (HotSDN)*, páginas 55-60, Hong Kong, China, 2013.
T. V. Lakshman, T. Nandagopal, R. Ramjee, K. Sabnani e T. Woo. A arquitetura do SoftRouter. *In In Proceedings of the ACM Workshop on Hot Topics in Networks (HotNets)*, San Diego, CA, EUA, 2004.
Butler W. Lampson e Palo Alto. ACM SIGOPS Operating Systems Review. *SIGOPS ACM Special Interest Group on Operating Systems, ACM New York, NY, USA*, 8(1):18-24, 1974.
João Martins, Mohamed Ahmed, Costin Raiciu e Felipe Huici. Permitindo o processamento de rede rápido e dinâmico com o ClickOS. Em *Proceedings of the Second ACM SIGCOMM Workshop on Hot Topics in Software Defined Networking (HotSDN)*, páginas 67-72, Hong Kong, China, 2013.
Peter Mell e Timothy Grance. A definição do NIST de computação em nuvem. Publicação especial 800-145, Departamento de Comércio dos EUA, outubro de 2012. Instituto Nacional de Normas e Tecnologia.
Mininet. Disponível online: http://mininet.org/. *(acedido em 6 de dezembro de 2015).*
Ei Ei Mon e Thinn Thu Naing. O Sistema de Controlo de Acesso Consciente da Privacidade Utilizando o Controlo de Acesso Baseado em Atributos e Funções na Nuvem Privada . Na *4ª Conferência Internacional do IEEE sobre: Broadband Network and Multimedia Technology (IC-BNMT)*, páginas 447-451, outubro de 2011.
H. A. J. Narayanan e M. H. Giine. Assegurando o controlo de acesso em sistemas de cuidados de saúde provisionados na nuvem. Na *Consumer Communications and Networking Conference (CCNC), 2011 IEEE*, páginas 247-251, janeiro de 2011.
Big Switch Networks. Disponível online: http://www.bigswitch.com. *(acedido em 6 de dezembro de 2015).*
OpenDaylight (ODL). Disponível online: http://www.opendaylight.org/. *(acedido em 6 de dezembro de 2015).*
Open Networking Foundation (ONF). Disponível online: https://www.opennetworking.org. *(acedido em 6 de dezembro de 2015).*
OpenStack. Disponível online: https://www.openstack.org/. *(acedido em 6 de dezembro de 2015).*
Philip Porras, Seungwon Shin, Vinod Yegneswaran, Martin Fong, Mabry Tyson e Guofei Gu. Um kernel de aplicação de segurança para redes OpenFlow. Em *Proceedings of the First Workshop on Hot Topics in Software Defined Networks (HotSDN)*, páginas 121-126, Helsínquia, Finlândia, 2012.
O Projeto Xen. Disponível online: http://www.xenproject.org. *(acedido em 6 de dezembro de 2015).*
Khaled Riad e Zhu Yan. EAR-ABAC: Um modelo de controle de acesso AR-ABAC estendido para computação em nuvem integrada a SDN. *Revista Internacional de Aplicações Informáticas*, 132(14):9-17, dezembro de 2015.
Khaled Riad, Zhu Yan, Hongxin Hu e Gail-Joon Ahn. AR-ABAC: Um novo modelo de controle de acesso baseado em atributos que suporta regras de atributos para computação em nuvem. Em *2015 IEEE International Conference on Collaboration and Internet Computing (CIC 2015)*, páginas 28-35, outubro de 2015.
Pierangela Samarati e Sabrina Capitani de Vimercati. *Foundations of Security Analysis and Design*, volume 2171 de *Lecture Notes in Computer Science*, capítulo Access Control: Policies, Models, and Mechanisms, páginas 137-196. Springer Berlin Heidelberg, 2001.
R. Sandhu, D. Ferraiolo, e R. Kuhn. The NIST Model for Role-Based Access Control:

Towards a Unified Standard. In *5th ACM Workshop on Role-Based Access Control*, páginas 47-63. ACM, julho de 2000.
R.S. Sandhu, E.J. Coyne, H.L. Fenstein, e C.E. Youman. Role-Based Access Control Models. *IEEE Computer*, 29(2):38-47, 1996.
S. Scott-Hayward, G. O'Callaghan e S. Sezer. Segurança de SDN: Uma pesquisa. Em *Proceedings of the 2013 IEEE SDN for Future Networks and Services (SDN4FNS)*, páginas 1-7, Trento, Itália, 2013.
A. Shabtai, Y. Fledel, U. Kanonov, Y. Elovici, S. Dolev e C. Glezer. Google Android: A Comprehensive Security Assessment. *Security Privacy, IEEE*, 8(2):35-44, março de 2010.
Rob Sherwood, Glen Gibb, Kok-Kiong Yap, Guido Appenzeller, Martin Casado, Nick McKeown e Guru Parulkar. Can the Production Network Be the Testbed? Em *Proceedings of the 9th USENIX Conference on Operating Systems Design and Implementation OSDI'10*, páginas 1-6, Vancouver, BC, Canadá, 2010.
Seungwon Shin, Vinod Yegneswaran, Phillip Porras e Guofei Gu. AVANT-GUARD: Gerenciamento de fluxo de switch escalável e vigilante em redes definidas por software. Em *Proceedings of the 2013 ACM SIGSAC Conference on Computer & Communications Security*, páginas 413424, Berlim, Alemanha, 2013.
Lili Sun, Hua Wang, Jianming Yong e Guoxin Wu. Semantic Access Control for Cloud Computing Based on e-Healthcare. Na *16ª Conferência Internacional sobre: Trabalho Cooperativo Apoiado por Computador em Design (CSCWD), 2012 IEEE*, páginas 512-518, maio de 2012.
Zhu Tianyi, Liu Weidong e Song Jiaxing. Um sistema eficiente de controlo de acesso baseado em funções para a computação em nuvem. Na *11ª Conferência Internacional sobre: Computação e Tecnologia da Informação (CIT), 2011 IEEE*, páginas 97-102, agosto de 2011.
Wei-Tek Tsai e Qihong Shao. Controle de acesso baseado em função usando ontologia de referência em nuvens. No *10º Simpósio Internacional sobre: Sistemas Descentralizados Autónomos (ISADS)*, páginas 121-128, março de 2011.
C. Wang, Q. Wang, K. Ren e W. Lou. Garantindo a segurança do armazenamento de dados na computação em nuvem. No *17º Workshop Internacional sobre: Quality of Service (IWQoS)*, páginas 1-9, julho de 2009.
Wenhui Wang, Jing Han, Meina Song e Xiaohui Wang. A conceção de um modelo de controlo de acesso baseado em confiança e funções na computação em nuvem. Na *6ª Conferência Internacional sobre: Computação Pervasiva e Aplicações (ICPCA)*, páginas 330-334, outubro de 2011.
L. Yang, R. Dantu, T. Anderson e R. Gopal. Estrutura de encaminhamento e separação de elementos de controlo (ForCES). RFC 3746 (Informativo). Disponível online: https://datatracker.ietf.org/doc/rfc3746/. *(acedido em 6 de dezembro de 2015)*, 2004.
Soheil Hassas Yeganeh e Yashar Ganjali. Kandoo: A Framework for Efficient and Scalable Offloading of Control Applications. Em *Proceedings of the First Workshop on Hot Topics in Software Defined Networks (HotSDN)*, páginas 19-24, Helsínquia, Finlândia, 2013.
Younis A. Younis, Kashif Kifayat e Madjid Merabti. Um modelo de controlo de acesso para a computação em nuvem. *Journal of Information Security and Applications*, 19(1):45 - 60, 2014.
S.T. Zargar, J. Joshi e D. Tipper. A Survey of Defense Mechanisms Against Distributed Denial of Service (DDoS) Flooding Attacks [Pesquisa de mecanismos de defesa contra ataques de inundação de negação de serviço distribuído (DDoS)]. *Communications Surveys Tutorials, IEEE*, 15(4):2046-2069, março de 2013.

Printed by Books on Demand GmbH, Norderstedt / Germany